Geometrisch Grundriss Von dem lande FEMEREN
Anno 1648
Die Masse Einer ½ Teutsch Meilln
1 min 2
480 Ruten 960
FEM BRIA
Dignitate praecellenti, Nobili Amplissimo ac prudentissimo Viro Dn. Balthasart Gloxin I.V.D. Serenis. Cels. Consiliario, ac supremi dicasterii Gottorpiensis assessori Canonico Lubecensi Fautori suo inscripta ab Authore
Iohanne Mejero Husum Reg.ae Maj.tis Mathematico
Olden borg
Haien
Pitt gardten
Todten dorp
Brosen
Gudts Anckergrindts
Bandelstorp
Claus dorp
Marckel storp
Nien dorp
Galendorp
B R I A
Vitz storp
Borg
Saren dorp
Meisen dorp
S. Jürgen
Staber dorp
Borg see
Staberholts
Glambeck haien
Scharffer Vndstenigte grindt
Staberorth
PARS
45
50

28346

Fehmarn

Ein illustriertes Reisehandbuch

Jan Schröter

Fotos:
Katharina Marut-Schröter

Edition Temmen

Die Deutsche Bibliothek - CIP-Einheitsaufnahme

Schröter, Jan :
Fehmarn - ein illustriertes Reisehandbuch. Fotos: Katharina Marut-Schröter.
- Ed. Temmen, Bremen
ISBN 3-926958-87-1
NE: Marut-Schröter, Katharina [Ill.]

Für die tatkräftige Unterstützung bei der Erarbeitung danken wir insbesondere: Familie Traute und Hans-Hermann Micheel, Gammendorf; Georg Laage, Stadtarchivar Burg a.F.; Frau Noltenius/Herrn V. Pape, IFA, Südstrand; Alexandr Hackmann, Meinhard Marnitz (Gewerbeverein Westfehmarn), Petersdorf, Sabine Sander, Kurverwaltung Fehmarn, sowie der Insel-Information, Burg a.F.

Bildnachweis (nach den Bildnummern): IFA-Ferienzentrum 23, 24, 25, 31; J. Eicke-Verlag, Barkelsby: 3, 18, 38; Stadtarchiv Burg: 7, 9, 26, 30, 47; Historika Photoverlag, Hamburg, 32; Hero Lang, Bremerhaven: 45, Verlag: Umschlag, 8, 11, 28, 34, 49; Vorsatz vorn; restliche Fotos von K. Marut-Schröter.

Wir danken dem Schleswig-Holsteinischen Landesvermessungsamt für die Überlassung des Abdruckrechts der Fehmarn-Karte Seite 126-127.

Alle Informationen entsprechen dem Stand vom April 1994.
Die Autoren und der Verlag sind für Verbesserungsvorschläge, Korrekturen und Ergänzungshinweise dankbar.

2. verbesserte Auflage 1994

Hohenlohestr. 21 - 28209 Bremen
Tel.: 0421-344280/341727 - Fax 0421-348094

Herstellung: Edition Temmen
ISBN 3-926958-87-1

Inhaltsverzeichnis

Nicht irgendeine Insel ...

Als in den Medien die Wiedervereinigung Deutschlands vollzogen wurde, indem man die Bundesrepublik auf den Schautafeln der Wetterberichte um das Gebiet der ehemaligen DDR ergänzte, war Fehmarn plötzlich von der Wetterkarte der »Tagesschau« verschwunden.

Nun sind die Fehmaraner selbstbewußt genug, um sich von den Ansichten der »Festländer« nicht aus der Fassung bringen zu lassen. Aber die »Tagesschau« ist immerhin so etwas wie eine nationale Institution, und einfach kurzerhand von der Karte gewischt zu werden war schändlich.

Bis zum 3. Oktober 1990 war Fehmarn die größte Insel der Bundesrepublik Deutschland gewesen. Zwar rangierte man jetzt auf der Flächen-Rangliste hinter Rügen und Usedom, aber Sylt oder die viel kleineren ostfriesischen Inseln hatten ja auch noch auf der Wetterkarte Platz gefunden und waren nicht, wie es lapidar hieß, »technischen Gründen« zum Opfer gefallen.

Zu Recht empört protestierten die Fehmaraner bei dem TV-Sender. Es hagelte ebenfalls Beschwerden von den vielen Menschen, welche die Insel als Urlaubs- und Ausflugsziel zu schätzen gelernt hatten. Fehmarn hat über 300000 Gäste pro Jahr, Tagesbesucher nicht mitgerechnet. Vor diesem Protestpotential mußte die ARD kapitulieren. Plötzlich erschien Fehmarn wieder auf der Wetterkarte - aus »technischen Gründen«, sagte man.

Was die eigentliche Funktion dieser Karte betrifft, nämlich die Wettervorhersage, so könnten die Fehmaraner darauf in der Tat verzichten. Denn obwohl der Fehmarnsund nicht einmal 2 km breit ist, fällt auf dem Festland bis zu einem Drittel mehr Regen als auf der Insel, die mit 511 mm mittlerem Jahresniederschlag pro Quadratmeter zu den regenärmsten Gebieten Deutschlands zählt. Bedingt durch die Leelage hinter der Schleswig-Holsteinischen Landmasse hat hier so mancher atlantische Tiefausläufer, der an der Nordseeküste die Gäste scharenweise aus den Strandkörben ins Ölzeug trieb, seine Ungemütlichkeit bereits verloren. Und mit durchschnittlich 1920 Sonnenstunden pro Jahr ist die Insel einer der sonnigsten Plätze des Landes.

Dieses Klima und eine Küstenlinie von 78 Kilometern machen

Abb. 2: Badevergnügen am Strand

Fehmarn für Badefreudige und Wassersportler ganz besonders attraktiv. Aber auch Aktivitäten wie Wandern, Reiten, Vogelbeobachtung, Radfahren, Golf- oder Tennisspiel sind möglich. Das Ostseeheilbad Burg verfügt über ein umfangreiches Kurangebot. Nicht zuletzt kann man den Urlaub durch einen Abstecher ins Ausland bereichern - Dänemark liegt nebenan.
Diese Vielfalt der Möglichkeiten bewirkt, daß die Insel ein beliebtes Ziel für Menschen jeder Generation ist. Und ein Ziel für alle Jahreszeiten: Denn auch im Spätherbst oder Winter, wenn die Felder kahl sind, der Wind stürmisch und die See rauh ist, verschafft ein Spaziergang entlang der Küste mehr Erholung als eine ganze Ferienwoche auf einer überfüllten Mittelmeerinsel...

Fehmarn - ein erster Überblick

Fehmarns Küsten haben unterschiedliche Gesichter. Die Nordküste zwischen dem Markelsdorfer Huk und Puttgarden ist eine Dünenlandschaft mit Nehrungshaken und von Strandwällen abgeteilten Binnenseen, die zahlreichen Tier- und Pflanzenarten Heimat bieten. Im Mittelbereich dieser Küste befindet sich daher ein Naturschutzgebiet, der »Grüne Brink«. Die Ostküste ist die rauhe, aber nicht minder reizvolle Seite der Insel. Der Strand ist steinig, aber vor allem in den Bereichen von Katharinenhof und Staberhuk gibt es malerische Steilküsten, an denen entlang sich zu jeder Jahreszeit lohnende Spaziergänge unternehmen lassen.

Der Südstrand vor Burgtiefe und das Gebiet am Wulfener Hals gelten als Fehmarns »Costa del Sol«, denn hier sind nicht nur die südlichsten, sondern auch die weißesten Sandstrände der Insel. Größter Yachthafen, größtes Hotel, größte Surfschule, Kurzentrum, Meerwasserwellenbad und den Burger Binnensee als Wassersport-Pool im Rücken - diese Aufzählung vermittelt sicher einen Eindruck von dem turbulenten Leben, das hier in der Sommersaison tobt. Auch bei Wulfen gibt es eine Steilküste.

Westlich der Fehmarnsundbrücke wird es wieder beschaulicher. Die »Orther Reede« bildet eine Bucht, an der mit Lemkenhafen und Orth zwei idyllische Hafenstädtchen liegen. Nur wenig nördlich hinter dem Flügger Leuchtturm liegt das weit über Fehmarn hinaus bekannte Vogelschutzgebiet Wallnau. Oberhalb davon zieht sich ein flacher Strand hin bis zum nordwestlichen Markelsdorfer Huk.

Insgesamt sind die 185 Quadratkilometer der Insel flach, im Osten etwas welliger und höher als im Westen. »Höhe« ist relativ zu sehen: Immerhin bringt es der lokale »Mount Everest«, der Hinrichsberg bei Staberdorf, auf eine Gipfelhöhe von 26,60 Metern.

Burg, die einzige Stadt, hat etwa 6000 Einwohner, weitere 8000 Fehmaraner leben verteilt in den 42 Dörfern auf der Insel. Nach Burg sind Landkirchen, das bis 1867 die Verwaltungsmetropole der Landschaft Fehmarn war, und Petersdorf die bedeutendsten Orte. Die Dörfer waren zu früheren Zeiten befestigt und hatten

nur zwei oder drei Ausgänge, die des Nachts verschlossen wurden. Solche Befestigungen existieren heute nicht mehr, aber durch diese ursprüngliche Konzeption wirken die meisten Dörfer noch immer sehr kompakt und geschlossen, was ihnen einen besonderen Reiz verleiht. Erhöht wird dieser beschauliche Eindruck noch durch den in jedem Ort vorhandenen Dorfteich, »Soll« genannt.

Neuzeitliche Elemente sind natürlich auch vorhanden. Nicht zu übersehen sind die zahlreichen Windräder, die für umweltschonende Energiegewinnung sorgen. Sie prägen das Bild der Insel, mal vereinzelt, mal in regelrechten »Windradparks« versammelt. Die Meinung der Einheimischen über diese Errungenschaft ist geteilt. Die einen schwören darauf, für die anderen bedeuten sie eine optische Mißhandlung der Landschaft. Tatsache ist: Sie sind da, und Fehmarn als traditionelles Mühlengebiet hat eben in dieser Profession nicht nur historische, sondern auch die aktuellsten Varianten aufzuweisen.

Der größte Teil der Inselfläche wird landwirtschaftlich genutzt, schließlich gehört der hiesige Schwarzerde-Humusboden zu den besten seiner Art in ganz Norddeutschland. Die Kehrseite dieser intensiven Nutzung ist, daß es fast keine Wälder auf der Insel gibt. Dafür gibt es eine Menge wunderschöner Alleen - Prachtexemplare dieser Naturkunstwerke finden sich zum Beispiel vor Katharinenhof oder zwischen Burg und Burgstaaken - die auch gepflegt werden. So wurde erst vor kurzem beiderseits der Straße zwischen Puttgarden und Gammendorf auf einer Länge von über fünf Kilometern eine Neuanpflanzung angelegt.

Die touristische Hauptsaison auf Fehmarn läuft vom 1. Juni bis zum 30. August. Selbst in dieser Zeit sind die Quartiere - verglichen mit denen anderer Ferienorte - nicht teuer, denn das Angebot an Unterkünften aller Preiskategorien ist reichlich. Natürlich gilt heute leider der Tarif nicht mehr, den der Burgstaakener Wirt Liesenberg am 1.1.1904 einem schwedischen Kapitän und dessen achtköpfiger Mannschaft berechnete, die kurz zuvor mit ihrem Schiff »Anna« vor Fehmarn Schiffbruch erlitten hatten: 24 Übernachtungen, 15 Mittag- und 8 Abendessen kosteten 57,20 Mark!

Etwas höher liegen die Preise heute schon. Aber das sollte weder den Genuß noch das Wohlgefallen an einer schönen Insel trüben, die von ihren Bewohnern manchmal etwas euphorisch als »6.

Abb. 4: Am Rande eines Weizenfeldes

Kontinent«, meistens jedoch liebevoll einfach als »Knust« bezeichnet wird. Man ist hier etwas anders, will es auch gern sein und ist darum nicht weniger liebenswert. Und wenn die legendäre Schlagzeile »Nebel im Kanal - Europa abgeschnitten« nicht schon in der Londoner Times gestanden hätte, würde sie mit der Abwandlung »Sund« statt »Kanal« bei passender Gelegenheit auch dem »Fehmarnschen Tageblatt« gut zu Gesicht stehen.

Eine Schöne mit Vergangenheit

Schon zu früher Zeit lebten Menschen auf Fehmarn. Zahlreiche Fundstücke belegen sogar eine für die Epoche der Jungsteinzeit (vor ca. 5000 Jahren) relativ dichte Besiedlung. Viele Megalith-Gräber haben den Lauf der Geschichte nicht überdauert, aber einige können auch heute noch auf der Insel besichtigt werden wie der Alwerstein zwischen Albertsdorf und Strukkamphuk oder das noch eindrucksvollere Steingrab bei Katharinenhof.

Das Landschaftsbild Fehmarns unterschied sich damals erheblich von seiner jetzigen Gestalt. Noch bis vor 1000 Jahren gab es hier ausgedehnte Wälder, der Jungsteinzeit-Fehmaraner wandelte gar durch einen geschlossenen Baumbestand von Eichen, Birken und Eschen. Abgesehen von dem gut 8 ha großen Staberholz am Südostzipfel der Insel und einigen schmalen Aufforstungen entlang der Küsten ist davon nichts geblieben.

Für das Inseldasein während der Bronze- und der nachfolgenden Eisenzeit fanden sich weniger Nachweise als für die Ära davor. Bekannt ist erst wieder ein Ereignis, das im 8. Jahrhundert n.Chr. stattfand: Slawische Stämme besetzten den Raum nördlich der Elbe. Die Wagrier, Teilstamm der wendischen Obotriten, besiedelten Ostholstein. Noch heute trägt die Landschaft zwischen der Kieler und der Lübecker Bucht ihren Namen: Wagrien. Auch auf Fehmarn ließen sie sich nieder. Ihre neue Heimat nannten sie »Vemorje« - die slawische Bezeichnung für »im Meer«.

Ihr Ruf war nicht der Beste. »Vemorje« war durch die günstige strategische Lage geradezu prädestiniert als Piratennest. Die Insel trennt die westliche Ostsee in die Kieler und in die Mecklenburger Bucht und zwingt sämtlichen Schiffsverkehr in West-Ost- oder Ost-West-Richtung zur Passage entweder durch den Fehmarnsund oder durch den Fehmarnbelt. Bei gutem Wetter kam (und kommt noch immer) kein Schiff ungesehen hier vorbei. Und da die Navigation - zumal mit den damals zur Verfügung stehenden Mitteln - in den strömungsreichen und teils seichten, mit Felstrümmern übersäten Gewässern des Sund und Belt nicht ohne Tücken ist, war es nicht sehr ratsam, die Durchfahrt bei schlechtem Wetter oder bei Nacht zu wagen. So fand hier manche Reise ihr jähes Ende durch einen Überfall der auf Fehmarn

Abb. 5: Detail aus dem Gestühl der Nikolaikirche in Burg

hausenden Seeräuber. Adam von Bremen schrieb 1076 in einer Hamburgischen Kirchenchronik über das heute so friedliche Eiland:

»Diese Insel ist voll von Seeräubern und den blutigsten Banditen, die keinen schonen, der über das Meer fährt, denn alle (Gefangenen), die andere (Piraten) zu verkaufen pflegen (als Sklaven nämlich, Anm.d.Verf.), erschlagen sie.«

Bei diesem Chronist wird die Insel übrigens als »Fembre« bezeichnet. Dies ist wahrscheinlich der älteste bekannte Name Fehmarns, der dem germanischen Volk der Ymbren zugeordnet wurde.

Wer auf den Pfaden echter Piraten wandeln will, muß also keineswegs in der Karibik Urlaub machen. Auch zu späteren Zeiten spielten Seeräuber auf Fehmarn eine bedeutende Rolle, wie noch zu berichten sein wird. Die Tage der slawischen Piraten allerdings waren in diesen Gewässern am Ende des 12. Jahrhunderts vorbei. In der Mitte desselben Jahrhunderts hatte Graf Adolf II. von Holstein auf der Suche nach Ländereien und Macht unter dem Banner der Christianisierung die Kolonisation Wagriens von Süden her erfolgreich in die Wege geleitet. Dänische Christen bedrängten vom Bistum Odense aus die Slawen aus nördlicher Richtung. Deutsche und Dänen gemeinsam verdrängten die Slawen schließlich auch von der Insel Fehmarn.

Es begann eine geschäftige Phase der Neugestaltung. Im 13. Jahrhundert wurden Bauten errichtet, die noch immer zu den Attraktionen der Insel zählen: Die großen Kirchen von Burg, Petersdorf, Landkirchen und Bannesdorf sowie die Burg Glambeck auf Burgtiefe. Fehmarn gehörte jetzt zum Königreich Dänemark, dessen Herrscher Christoph II. im Jahre 1320 ein Landrecht für die Insel erließ, daß zugleich ein Verwaltungs- und Strafrecht war. Ausgenommen davon waren die Stadt Burg und zunächst auch Lemkenhafen, heute bloß noch ein Dorf, aber bis 1510 eine Stadt. Hier galt das lübische Stadtrecht.

Bald allerdings bewahrheitete sich wieder einmal eine düstere Gesetzmäßigkeit der Historie: Friedliche Zeiten währen nicht ewig. Ständige Reibereien zwischen den holsteinischen Grafen und dem dänischen König führten zu manchen Scharmützeln. Auf der Burg Glambeck wechselten einige Male die Besetzer, und 1420 eskalierte die Situation. Erich VII., genannt »der Pommer«, weil er als Herzog von Pommern/Stolpe zum dänischen König avanciert war, galt als strikter Verfechter einer Großmachtpolitik und als ein Mann, der vor Gewalt nicht zurückschreckte. Die Fehmaraner bekamen das zu spüren, denn Erich und seine Soldateska verwüsteten ihre Heimat derart, daß man das Jahr 1420 mit Fug und Recht als den absoluten Tiefpunkt der Inselgeschichte bezeichnen kann. Selbst Friedensangebote wie den Bittgang einiger weißgewandeter Jungfrauen vor Schlagsdorf beantwortete Erich auf seine Weise, indem er nämlich die Abgesandten ermorden ließ. Volkstümlicher Überlieferung zufolge haben nur drei Fehmaraner das große Grauen überlebt. Wenn auch historische Tatsachen gegen diese geringe Anzahl Geretteter sprechen, kann man doch konstatieren: Viele werden es nicht gewesen sein.

Von 1435 bis 1490 wurde Fehmarn an die Stadt Lübeck verpfändet. Die neuen Landesherren erließen den Bürgern erst einmal für fünf Jahre sämtliche Steuern, um den Wiederaufbau zu ermöglichen. Und so folgte - noch eine historische Gesetzmäßigkeit - der großen Katastrophe eine lange Zeit relativer Ruhe. Der Handel blühte, die Hanse erlebte ihre große Zeit und Fehmarn die Renaissance als Piratenschlupfwinkel. Diesmal waren es die Vitalienbrüder, die »Liekedeeler«, die hier alte Traditionen fortsetzten und dabei sogar hin und wieder finstere Pakte mit der Fehmaraner Obrigkeit schlossen.

Die Wirren des Dreißigjährigen Krieges verschonten auch Fehmarn nicht. Kaiserliche Truppen zerstörten 1627 die Burg Glambeck. Nach einem Seegefecht mit den Dänen landete am 29. Juni 1644 ein schwedisches Kontingent unter dem Befehl des Generalmajors Mortaigne bei Puttgarden und traf auf das von dänischen Soldaten unterstützte fehmarnsche Landaufgebot. In der folgenden Schlacht fielen 75 Fehmaraner - und die fehmarnsche Jeanne d'Arc, Marens Tiedemann aus Neujellingsdorf, die mit den Ihren als Fahnenträgerin in den Kampf gezogen war.

Ihre Geschichte müßte eigentlich den Schaffensdrang eines jeden Filmproduzenten anregen. Der Landschreiber Conrad Friedrich Schmalfeldt (1594 - 1651) hat des Dramas vollen Lauf für die Nachwelt festgehalten: Die Bauerntochter Marens Tiedemann sollte mit dem Sohn eines Großbauern verlobt werden. Jedenfalls war das der Plan ihrer Eltern. Marens allerdings zog es zu dem wenig begüterten Sohn eines Lemkenhafener Schiffers. Leider fuhr der Geliebte ebenfalls zur See, kam nicht wieder und galt als verschollen. Tatsächlich war er im Mittelmeer gefangengenommen und in Nordafrika als Sklave verkauft worden. Marens, von ihren Eltern massiv dazu gedrängt, nun doch endlich den Bauerssohn zu ehelichen, ergriff die Flucht und schloß sich unerkannt in Männerkleidern den Truppen der Inselverteidiger an. Als es zum Kampf mit den Schweden kam und der Bannerträger fiel, ergriff Marens die Fahne und führte die weichenden Fehmaraner mehrere Male zurück ins Gefecht, bis sie selbst der Tod ereilte.

Die eigentliche Pointe der Geschichte aber besteht in einem Ereignis, daß selbst von Filmproduzenten wohl als »nun doch zu übertrieben« abgetan werden würde. Denn gerade als der Alarm vor der bevorstehenden Landung der Schweden erscholl, erreichte der aus der Sklaverei geflohene Geliebte der Marens Tiedemann die heimatlichen Gestade. Stehenden Fußes nahm auch er an der Schlacht bei Puttgarden teil und kam dabei ebenfalls zu Tode - womit einmal mehr bewiesen wäre, daß die tragischsten Stücke immer noch vom Leben selbst geschrieben werden.

Die Schweden konnten Fehmarn nur ein paar Tage halten. Bald schon erschien eine dänische Kriegsflotte unter dem Befehl des amtierenden Königs Christian IV., der mit seinem Flaggschiff »Dreifaltigkeit« höchstpersönlich in die erbitterte Schlacht eingriff und dieses Wagnis mit einem Auge und einigen Zähnen bezahlen mußte. Immerhin hat sein couragiertes Verhalten sowohl bei den befreiten Fehmaranern als auch bei seinen Landsleuten großen Eindruck hinterlassen. Das Bild der »Dreifaltigkeit« war auf alten Fehmaraner Uhren ein beliebtes Zifferblattmotiv, und die Dänen erinnern an den Heroen in einer Textzeile ihrer Nationalhymne, in der es heißt: »Kong Christian stod ved hojen Mast i Rog og Damp« (König Christian stand am hohen Mast in Rauch und Dampf).

An den Dreißigjährigen Krieg reihten sich weitere Konflikte. Das kostete auf Fehmarn zwar nicht mehr so viele Menschenleben auf so direktem Wege wie in der Schlacht gegen die Schweden, aber wirtschaftlich ging es bergab. Um 1715, am Ende des Nordischen Krieges, waren die Schulden von der Landschaft Fehmarn und der Stadt Burg auf über 10 000 Taler angewachsen. Es wurde kaum gebaut und wenig restauriert. Nur 15 Jahre später waren aus diesem Grund allein in Burg 70 Häuser unbewohnbar.

Die zweite Hälfte des 18. Jahrhunderts brachte endlich wieder

Abb. 6: Auschnitt aus einer Karte zur Zeit Christians IV.

Wohlstand und ruhigere Zeiten. In späteren Jahren sprach man über diese Ära sogar sehr anschaulich »Vollbukstid« (Vollbauchzeit). Mit vollem Bauch feiert es sich besser, und schließlich braucht man auch Gelegenheiten, um seinen frischerworbenen Wohlstand den staunenden Nachbarn präsentieren zu können. Das galt damals so wie heute. Damals gab es allerdings Verordnungen und Gesetze, die die Ausrichter übertrieben üppiger Feierlichkeiten und Träger allzu prätentiöser Bekleidung mit empfindlich hohen Geldstrafen bedrohten. Wo wären heute Partyanimateure und Surfboutiquen, würden diese Regeln noch gelten...

Die Fehmaraner Geschichte des 19. Jahrhunderts wurde von dem deutsch-dänischen Tauziehen um Schleswig-Holstein geprägt, das erst mit der Einnahme der Insel durch die Preußen am 15. März 1864 beendet war. Den Anschluß an Preußen betrachteten die meisten Einheimischen mit gemischten Gefühlen, Fehmarn als Teil eines unabhängigen Schleswig-Holstein wäre ihnen lieber gewesen. Aber falls die Auswirkungen der hohen Politik nicht allzu drückend spürbar waren, lebten die Fehmaraner ohnehin schon immer nach ihren eigenen Vorstellungen. Der Status des freien Bauern ließ ein hohes Maß an Selbstbestimmung zu, und Fehmarn war eine Insel der freien Bauernschaft. Im restlichen Schleswig-Holstein waren weite Teile der Landwirtschaft fest in der Hand des Adels, die größten Flächen wurden von herrschaftlichen Gütern aus bewirtschaftet. Die Kleinbauern waren in der Regel Pächter und keine Grundbesitzer. Auf Fehmarn hingegen faßte der Adel nie richtig Fuß. Der Grund dafür war nicht etwa Aufruhr oder Revolution, sondern ein viel überzeugenderes Argument: Die fehmarnschen Bauern, mit schlauem Verstand und zwischenzeitlich immer wieder mit Wohlstand gesegnet, kauften die adligen Besitzungen auf der Insel nach und nach einfach alle auf.

Sicher wäre die rentable Bewirtschaftung der manchmal recht großen Höfe unmöglich gewesen, hätte es die »Monarchen« nicht gegeben. Es waren unstet umherziehende Männer und auch Frauen (»Rosalinden« genannt), die sich, wenn das Zehrgeld durchgebracht war, bei den Bauern als Helfer verdingten. In jedem Kirchspiel gab es eine bestimmte Gastwirtschaft, die als Kontaktbörse für diejenigen galt, die ihre Arbeitskraft anbieten wollten oder die Helfer suchten. Die Monarchen bildeten eine

Abb. 7: Badestrand bei Burgtiefe vor der Bebauung

Kaste für sich. Sie hatten ihre speziellen Vokabeln und Zeichen, gaben sich Pseudonyme wie »Singlerche«, »Graf Neyda« oder »Adlernase« und lebten nach ihren eigenen Regeln, bei denen der Alkohol keine geringe Rolle spielte.

Nachdem Fehmarn preußisch geworden war, wurde die verwaltungsmäßige Trennung von der Landschaft Fehmarn und der Stadt Burg aufgehoben. An der Hauptbeschäftigung der Fehmaraner, Ackerbau und Viehzucht, änderte dies selbstverständlich nichts. Fehmarn war und ist in erster Linie eine Bauerninsel, obwohl es hier natürlich auch immer Seeleute gegeben hat, sogar welche mit Weltruf: So ist im Wiepert-Museum ein Bildnis des Hans Ruser aus Burg zu sehen, der als Kapitän im Jahre 1901 an einer Polarexpedition teilnahm und später Kapitän auf der »Imperator« der Hamburg-Amerika-Linie wurde, einem riesigen Vierschrauben-Schnelldampfer, der 1913 in Dienst gestellt wurde und seinerzeit das größte Schiff der Welt war.

Die Fruchtbarkeit der Insel, ihr guter Ruf als »Kornkammer Schleswig-Holsteins« wäre ihr 1945 fast zum Verhängnis geworden, denn dadurch wurde sie zum begehrten Objekt für die Regierenden der Sowjetunion, die Fehmarn gern innerhalb ihres Einflußbereiches gehabt hätten. Aber schließlich setzten sich die

Abb. 9: Fähre über den Fehmarnsund vor dem Brückenbau 1963

Briten durch, deren Abgesandter Lord William Strong of Stonesfield maßgeblich dafür Sorge trug, daß beim Aushandeln der Besatzungszonen die magische Linie östlich an Fehmarns Ufern vorbei gezogen wurde...
1946 wurde in der späteren Bundesrepublik das Land Schleswig Holstein gebildet, dem auch Fehmarn angehört. Die Landwirtschaft wurde auf den Gemüseanbau ausgeweitet. Der Handel profitierte weiterhin von der Schlüssellage der Insel als »Tor zum Norden«. Und seit der Fertigstellung der Fehmarnsundbrücke im Jahre 1963 ist der Fremdenverkehr zum wesentlichen Faktor der Inselwirtschaft geworden, was 1974 mit der Ernennung zum Ostseeheilbad gekrönt wurde.

Abb. 8: Vorseiten: Burgtiefe und Südstrand

Burg, die Inselmetropole

Stadt mit zwei Gesichtern

An Burg führt kein Weg vorbei. Wer Fehmarn nicht nur als Transitreisender überquert, um via Vogelfluglinie weiter gen Norden zu flattern, sondern sich länger auf der Insel aufhält - und sei es nur für einen Tag - der kommt fast zwangsläufig nach Burg. Wer dies während der Hauptsaison tut, noch die Einwohnerzahl (6000) im Kopf hat und sich eingedenk dessen ein verschlafenes norddeutsches Provinznest vorstellt, wird sich schwer wundern. Fröhliches Gedränge beiderseits der Breiten Straße, Burgs Flaniermeile, sorgt für südländisches Flair und den Eindruck, daß allein hier schon mehr Menschen unterwegs sind als die Stadt überhaupt Einwohner hat. Die zahlreichen Geschäfte sind bis in den späten Abend hinein geöffnet und das international ausgerichtete kulinarische Angebot reicht von Döner Kebab bis »McDuck«, der fehmarnschen Antwort auf »Kentucky Fried Chikken«. Um den Marktplatz herum und die Breite Straße entlang sitzen essende, trinkende, eislutschende Leute zum Sehen-und-gesehen-werden.

Was auf diese erste Aufzählung hin als etwas billiges Allerweltsvergnügen erscheint, bekommt jedoch durch das eigentliche Gesicht der Stadt seinen ganz besonderen Reiz. Denn Burg ist keine Amüsiercity aus der Disneyland-Retorte, sondern ein in langer Historie gewachsener Ort mit Charakter. Marktplatz und Breite Straße tragen noch das alte Kopfsteinpflaster. Viele Bürgerhäuser und Fachwerkbauten stammen wirklich aus vergangenen Jahrhunderten und sind nicht bloß auf alt getrimmt. Und den Zechern an den Straßentischen wird nicht von betonbeschuhten Plastikpalmen Schatten gespendet, sondern dies besorgen prächtige alte Linden, die aus der Breiten Straße eine malerische Allee machen. Wer genauer auf dieses Antlitz der Stadt achtet, kann sich sehr wohl vorstellen, daß hier noch vor 150 Jahren die Misthaufen straßenseits vor der Tür lagen.

Kleiner Spaziergang durch Burgs Mitte

Im Bereich der Stadt befand sich schon zur Zeit der Wenden (11. Jahrhundert) eine Ansiedlung. Benannt war sie »to der Borch uppe Vemeeren«, womit vermutlich eine Burg gemeint war. Der

Abb. 10: Das Rathaus

genaue Standort dieser Burg ist heute unbekannt, aber der Name der Stadt ist auf sie zurückzuführen. Seit über 750 Jahren genießt Burg Stadtrecht, und eine Stadt braucht ein Rathaus.

Dasjenige von Burg steht direkt an der Südseite des Marktplatzes und wurde 1900/1901 nach den Plänen des Architekten Carl Voss (s.a. Burgtiefe, Voss-Haus) erbaut. Mit seinen Türmen, Erkern und Balkonen hat es glücklicherweise wenig mit einem nüchter-

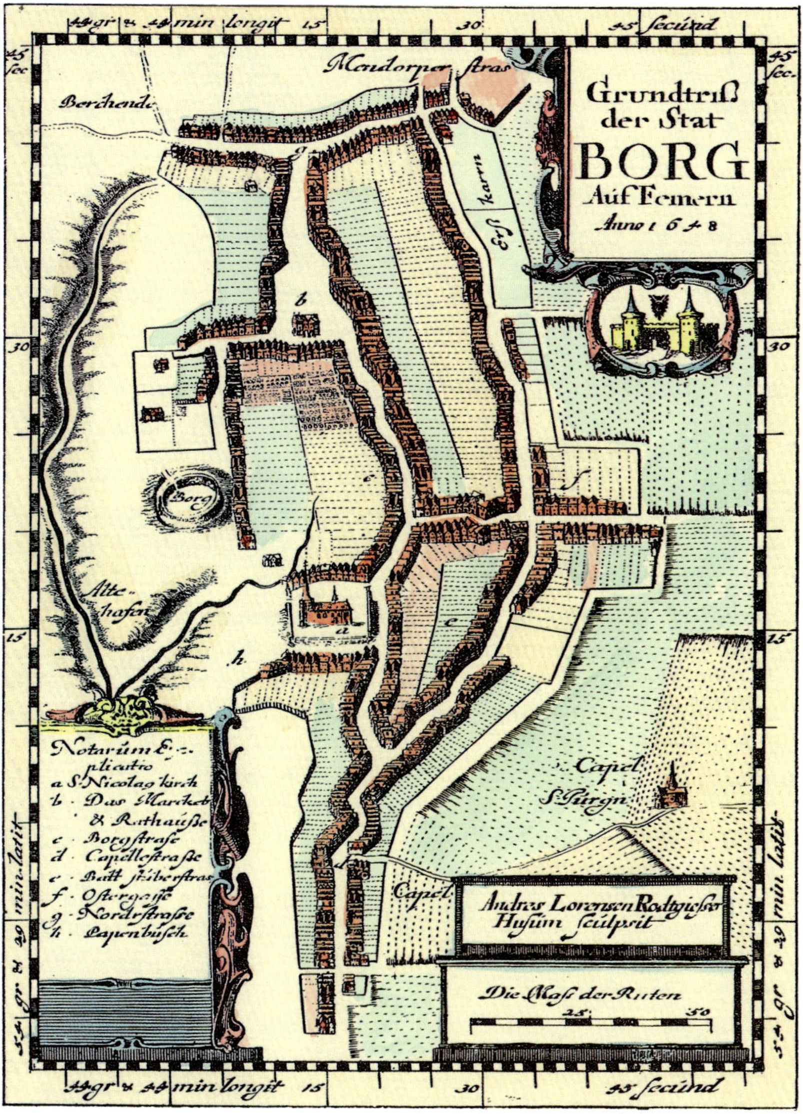

Abb. 11: »Grundris der Stat Borg (Burg) auf Femeren Anno 1648«

nen Verwaltungsbau gemein. Im höchsten Zimmer des hübschen Türmchens auf der linken Seite sitzt übrigens nicht der Bürgermeister, sondern das Stadtarchiv hat hier seinen Platz. Das Stadtoberhaupt muß mit einem Büro in der 1. Etage vorliebnehmen. Über der Eingangstür des Rathauses prangt das Wappen der Stadt: Eine wasserumspülte Ringmauer mit zwei Türmen und dem holsteinischen Nesselblatt.

Spaziert man die Breite Straße hinab, wechselt die Straßenseite und geht weiter bis zur Nummer 28, steht man vor dem jüngst instandgesetzten Senator-Thomsen-Haus. Es wurde 1781 von dem vormaligen Kapitän und damaligen Bauern Jürgen Wohler und seiner Frau Anna, einer Kaufmannstochter, erbaut. Das spätbarocke Portal ist noch ein Originalstück aus dieser Zeit. Bei genauerer Betrachtung lassen sich in den verschnörkelten Verzierungen oberhalb der Tür die Initialen der Erbauer sowie Anker (Symbol des Schiffers) und Waage (Symbol des Kaufmanns) erkennen. Als Besonderheit des Thomsen-Hauses gilt auch dessen Lage. Im Gegensatz zu den meisten anderen Häusern des Straßenzuges liegt es mit seiner größten Ausdehnung und der Traufe parallel zur Straße.

Nachdem es im Verlauf der Jahrhunderte mehrfach den Besitzer gewechselt hatte, gehört das Senator-Thomsen-Haus heute der Stadt Burg und beherbergt nicht nur eine ständige Kunstausstellung, sondern auch die Zentrale Zimmervermittlung der Kurverwaltung und die Inselinformation. Ein Besuch lohnt sich, touristische Tips und Hinweise auf aktuelle Veranstaltungen sind hier zu erfragen. Auf dem weiteren Weg die Breite Straße entlang schiebt sich schon unübersehbar die trutzige St.-Nikolai-Kirche ins Bild. Doch noch davor, Seite an Seite mit der Kirche, befindet sich etwas, dessen Besuch von niemandem versäumt werden darf, der Fehmarn über das Maß einer bloßen »Badewanne« hinaus schätzt: Das Fehmarnsche Heimatmuseum, nach dem Namen des langjährigen Vorsitzenden Peter Wiepert benannt.

Das Museum ist in einigen alten Häusern untergebracht, die, geduckt im Schatten von St. Nikolai hockend, selbst bereits museales Ambiente verbreiten. Unter ihnen ist auch das älteste noch vorhandene Wohnhaus Fehmarns, das ehemalige Predigerwitwenhaus (gebaut 1581). Die Sammlungen des Museums dokumentieren das Inselleben zu jeder Epoche, veranschaulichen die Arbeitswelt der Bauern und Schiffer und zeigen die Art, in der man hier Feste feierte und den Alltag verbrachte. Daß für dieses Museum schon im 19. Jahrhundert gesammelt worden ist und daß die zusammengetragenen Schätze sorgsam gehütet, gepflegt und restauriert werden, ist den Ausstellungen anzumerken.

Die Kirche St. Nikolai

Ob nun St. Nikolai zu Burg oder die Landkirchener St.-Petri-Kirche die älteste Fehmaraner Kirche ist, läßt sich nicht mehr exakt rekonstruieren. Sicher ist, daß beide um die dreißiger Jahre des 13. Jahrhunderts herum entstanden sind, mithin also längst ein Alter erreicht haben, bei dem es auf einige Jahre mehr oder weniger nicht mehr ankommt... Da große Jubiläen gerne gefeiert werden und diese Feste nun einmal feste Termine haben müssen, hat man den 750. Jahrestag von St. Nikolai im Jahre 1988 begangen.

Drei Bauperioden haben St. Nikolai geprägt. Der älteste Teil wurde während des Überganges der Romanik zur Gotik geschaffen. Während des zweiten Bauabschnitts im 15. Jahrhundert wurde die Kirche verbreitert und in der dritten Periode Anfang des 16. Jahrhunderts errichtete man verschiedene Anbauten, darunter die heutige Sakristei, die ehemals als »Likhus« (Leichenhaus) diente. Von außen besehen läßt sich feststellen, daß die kompakte, trutzige Bauweise der Kirche sehr gut zu einer Insel in nordischem Wind und Wetter paßt. Diese Anpassung erfolgte allerdings zumindest in einem Punkt nicht ganz freiwillig. 1513, während der dritten Bauperiode, wollte man statt des bisherigen bescheidenen Dachreiters mit Klingglocke einen richtigen Glokkenturm installieren. Man schuf einen Turm mit aufstrebender, schlanker Spitze, ähnlich der des heutigen Petersdorfer Kirchturms. Aber derart filigrane Eleganz erwies sich als ungeeignet für die Unbilden nordischer Gefilde: Am 3. November 1760 machte ein steifer Nordweststurm dem »Emporkömmling« den Garaus, indem er ihn kurzerhand umblies. Die Baumeister erwiesen sich als lernfähig. Der neue barocke Turmzopf ist zwar 18 Meter kürzer als die alte Spitze, aber gemacht für die Ewigkeit.

Ähnlich ausgedehnte Haltbarkeit vermutet man eigentlich auch für Kirchenglocken. Tatsächlich stammt die älteste der drei St.-Nikolai-Glocken, eine Bronzeglocke mit dem Namen Marie Magdalene, auch bereits von 1462. Die beiden anderen Glocken mußten allerdings erfahren, daß die Menschheit mindestens

Abb. 12: Das Senator-Thomsen-Haus in Burg

Abb. 13: Peter-Wiepert-Museum. Das Gebäude links ist das älteste Haus auf Fehmarn (1581)

Abb. 14: Der geschichtsträchtige Turm von St. Nikolai

Abb. 15: Die Breite Straße in Burg

ebenso verheerend wüten kann wie jeder Nordweststurm. Im 1. Weltkrieg wurden sie abgehängt, zu den Fahnen gerufen und eingeschmolzen - »Kanonenfutter«.

Ersetzt wurden die beiden Bronzeglocken 1920 durch zwei nicht annähernd so wertvolle Exemplare aus Stahl. Diese Minderwertigkeit ließ sie den 2. Weltkrieg unbeschadet überstehen. Dafür stieg man zur Abwechslung mal wieder dem Turm auf das Dach: Sehr zum Ärger des damaligen Pastors Trede wurde die wertvolle Kupferbedeckung des Turmhelmes abgeholt und mußte in den Krieg ziehen, noch im Mai 1944...

Die Stahlglocken wurden 1956 wieder durch zwei bronzene ersetzt. Eine der Stahlglocken bekam die Kirche in Neuengamme bei Hamburg, die andere steht neben dem Kirchturm auf der Erde. Der Helm hat wieder ein Dach - hoffen wir, daß es dabei bleibt.

An der östlichen Außenwand der Sakristei ist eine graue Sandsteintafel, die an frühere harte Zeiten erinnert und in verschiedenen Urkunden als »Fehmarnsches Memorial« bezeichnet wird. In nur noch schwer lesbarer gotischer Schrift wird hier von der grausamen Zerstörung der Insel im Jahr 1420 durch Erich den Pommern berichtet.

Das Innere der Kirche birgt weitere Schätze. Der gotische Altar stammt aus den Jahren 1350 - 1400. In der Sakristei steht ein neugotischer Klappaltar, dessen Flügel eine Beschriftung in plattdeutscher Mundart aufweisen.

Auch die Kanzel ist eine wertvolle Arbeit, eine Schnitzerei im Stil des holländischen Barock von 1667. Der Name der Darstellung lautet »Madonna auf der Mondsichel«.

Falls Sie sich trotz des bekanntlich meist guten Fehmarner Wetters einen Schnupfen zugezogen haben, hilft vielleicht St. Blasius, der auf der Insel als Schutzpatron bei Erkältungskrankheiten gilt. Sein Altar steht an der Nordwand. Da der noch aus katholischer Vorreformationszeit stammende St.-Blasius-Altar 1698 mit Kirchengestühl überbaut worden war, entging er den diversen protestantischen Umbildungen des Innenraumes und wurde 1882 wieder freigelegt.

Der vielleicht wertvollste Schatz der Kirche, mit Sicherheit jedoch das Stück mit der bewegtesten Vergangenheit, ist die Bronzetaufe. Es ist ein sechseckiger Kupfer-Bronzekelch, an dessen Sokkel drei liegende Bronzelöwen lagern. Von wann die Taufe stammt und wer sie gestiftet hat, ist bekannt, denn auf der

Oberseite des Randes befindet sich die Inschrift: »Im Jahre 1391 gab mir diese Taufe Beno Korp, Bischof von Arosia«. »Arosia« ist das heutige schwedische Västeros, ein Beno Korp war dort in der Tat von 1384-1394 Bischof. Doch warum die Taufe nun auf Fehmarn und nicht in Schweden steht, läßt sich nur noch vermuten, und bei Fehmarns seeräuberischer Vergangenheit liegt der Verdacht nahe, daß dieses Prunkstück schon auf dem Transport von der Gießerei zum Auftraggeber gekapert wurde... Natürlich sind auch weniger kriminelle Varianten denkbar. Vielleicht hat die Taufe ihren Weg nach St. Nikolai als Strandgut nach einem Schiffbruch gefunden oder wurde im Rahmen einer Schuldentilgung verrechnet.

Aber damit war die Irrfahrt der Korp-Taufe noch nicht beendet, wenn es auch bis zur Fortsetzung gute 450 Jahre dauern sollte. Hauptakteur dieses finsteren Kapitels Burger Kirchengeschichte war Baron Freiherr August-Ferdinand von Leesen, Justizrat, Klostersyndikus und Besitzer von Gut Katharinenhof in Personalunion (s.a. Kapitel Fehmarn von A-Z: Katharinenhof), eine schillernde Persönlichkeit.

Dieser Baron hatte es sich 1845 in den Kopf gesetzt, in der nordwestlichen Ecke St. Nikolais, in deren Nähe sich die Grabkammer seiner verstorbenen Gattin befand, seinen privaten Familienkirchenstuhl zu installieren. Diesem Begehr stand im Prinzip nichts im Wege - abgesehen von der Bronzetaufe, die genau auf dem Platz stand, den der hohe Herr für sich ausgesucht hatte. Aber von Leesen zeigte sich findig und der Kirchenvorstand aus ungeklärten Gründen zur Kooperation bereit. Herr Baron spendierte eine neue Marmortaufe für den Platz vor dem Altar, das historische Bronzestück wurde in einer abseitigen Orgelnische abgestellt...

Für die drei bronzenen Traglöwen hatte von Leesen noch Verwendung gefunden. Vielleicht hatte er auch bloß das Gefühl, für seine teure Investition wenigstens noch etwas mit nach Hause nehmen zu müssen, jedenfalls zierten die Löwen plötzlich den Eingangsflur des Gutes Katharinenhof, wo sie einige Jahre lang die Besucher schläfrig anblinzelten.

Später geriet der Baron in politische Wirren und war gezwungen, Katharinenhof zu verkaufen. Er verließ Fehmarn und zog sich zurück auf seine Rittergüter Retschke und Treben bei Posen. Mit ihm verschwanden die Bronzelöwen.

Abb. 16: Die Fünte in St. Nikolai

Abb. 17: Der Schwanenteich in Burg

Im Jahre 1907 schließlich, der Baron war mittlerweile verstorben, erschien ein Versteigerungskatalog der überregional bekannten Lemertzschen Kunsthandlung in Köln. Zufällig identifizierte Professor Brandt, damals Leiter des Kieler Thaulow-Museums, darin die drei Löwen der Korp-Taufe und alarmierte den Vorstand von St. Nikolai und den Burger Bürgermeister Lafrentz. Es entspann sich ein reger Briefwechsel zwischen der Burger Obrigkeit und den Erben von Leesens, die aber nicht bereit waren, die Kunstwerke einfach zurückzugeben. So mußte die Gemeinde zähneknirschend tief in die Tasche greifen und bei der regulären Auktion mitbieten. 2200 Goldmark kostete die Fehlhandlung der einstigen Kirchenleitung...

Nach einer Renovierung, nun wieder mit den Löwen vereint, steht die bronzene Taufe des Beno Korp an ihrem heutigen Platz südlich des Altars. Vorerst jedenfalls.

St. Jürgen und die Schatten der Vergangenheit

In der Nähe der Jugendherberge, am Kapellenweg 13, befindet sich die Kapelle des Stiftes St. Jürgen. Auch diese Kapelle stammt aus mittelalterlichen Zeiten, bereits 1399 wurde sie urkundlich als Siechenhaus erwähnt. Und auch in diesem Fall gilt: Wer alt wird, erlebt viel - und nicht immer Angenehmes. So mußte die innen mit Malereien aus dem 15. Jahrhundert geschmückte Kapelle 1807 unter dänischer Besatzung schon mal als Pulverkammer und als Pferdestall herhalten.

An den Gärten des St.-Jürgen-Stifts lag einst der Richtplatz der Landschaft Fehmarn, auf dem die Opfer der zahlreichen Hexenprozesse verbrannt und die während der Folter Verstorbenen sowie die Selbstmörder verscharrt wurden. Die Zeit des Hexenwahns ist nicht nur auf Fehmarn ein besonders dunkles Kapitel der Geschichte. Welches Ausmaß dieser Irrsinn hatte, machen Zahlen deutlich: Allein zwischen 1620 und 1660 wurden auf Fehmarn über 100 Menschen als Hexen verurteilt und auf dem Scheiterhaufen hingerichtet. Heute ist die grausame Stätte vor St. Jürgen mit einem Wohnviertel überbaut.

Noch immer in Burg

Wie beschrieben ist Burg ein kleines und auch altes Städtchen. Die Breite der Straßen orientiert sich an dem eher gemütlichen Verkehrsaufkommen, welches 6000 Einwohner eben so verursachen können. Der Tourismus im heutigen Ausmaß ist, gemessen

an der Geschichte der Stadt, ein junges Phänomen. Die örtlichen Verkehrsplaner standen vor der Entscheidung, entweder auf Kosten zahlreicher Alleen und historischer Bauten breitere Straßen zu schaffen oder den Gästen ein paar Schritte zu Fuß zuzumuten. Die Wahl wurde klug getroffen, denn ein Burg ohne Bäume und Kopfsteinpflaster wäre für alle ein schlimmer Anblick gewesen. So kann man heute, wenn man überhaupt mit dem Auto die Inselmetropole ansteuert, je nach Himmelsrichtung der Anreise den Wagen bereits vor dem eigentlichen Stadtkern auf einem der Parkplätze West (Hinterm Kirchhof), Nord (Niendorfer Weg) oder Ost (Osterstraße) abstellen. Letzterer hat sogar eine Entsorgungsstelle für Wohnmobile. Die Benutzung der Parkplätze ist kostenlos, zum Stadtzentrum sind es jeweils nur wenige Schritte. Burg ist ohnehin ein Ort der kurzen Wege.
Trubel in der Stadt ist vor allem an jedem Mittwoch, wenn auf dem Marktplatz vormittags der Wochenmarkt stattfindet. Zwischen den bunten Ständen einherzuschlendern ist ein Urlaubsvergnügen, daß sich kaum einer entgehen läßt.
Wenn man dem Treiben etwas entgehen möchte, sollte man vom Nordende des Marktplatzes die Bahnhofstraße in Richtung Ortsausgang gehen. Nach wenigen Metern sieht man rechter Hand den ruhigen kleinen Stadtpark liegen und gegenüber, auf der linken Straßenseite, den hübsch angelegten Schwanenteich - genau die richtigen Plätze, um auf einer Bank zu verweilen und in einem Buch zu lesen. Es mangelt an Lesestoff? Direkt eingangs des Stadtparks, in der Bahnhofstr.47, befindet sich die gutsortierte Stadtbücherei.

Abb. 18: Die Fehmarnsundbrücke aus südlicher Richtung, im Vordergrund Fehmarnsund

Fehmarn von A - Z

Albertsdorf

Bis 1872 war Albertsdorf über einen kleinen Hafenlauf, der sogenannten »Reide«, mit dem Meer verbunden. Das war einmal. Aber eine Besonderheit ist dem Dorf geblieben: Am Südrand, wo die Straße, die vom Zubringer zur E 47 zum Strand von Gold führt, einen Bogen um einen kleinen Teich herum macht, steht am Feldrand noch ein alter »Dodelstein«. Derartige Steine galten als Grenzmarken an Stellen, wo die Ländereien verschiedener Besitzer aneinanderstießen. Gezeichnet wurde nicht mit vollen Namen, sondern mit der Hausmarke des Eigentümers. Hausmarken sind aus wenigen Strichen stilisierte Erkennungszeichen, die vor allem im 16. und 17. Jahrhundert gebräuchlich waren. Die Hausmarke war das Wappen des freien Bauern. Zu jedem Hof gehörte ein spezielles Zeichen, das als Brandzeichen Besitz kennzeichnete und als Unterschrift Dokumente besiegelte. Ein Erbe mußte die Hausmarke eines geerbten Hofes bei dem zuständigen Dorfvorstand vorweisen können, um sein neugewonnenes Gut rechtskräftig zu übernehmen. Auf Fehmarn findet man Hausmarken noch auf manchen Grabsteinen und teilweise auf dem Gestühl der Kirchen. Und natürlich auch hier auf dem verwitterten Dodelstein am Rande von Albertsdorf.

Altenteil

Dieses Dorf mit dem an Rente und Lebensabend erinnernden Namen ist eine kleine, zersiedelte Ortschaft im Nordwesten der Insel. Wichtig ist es als Ausgangspunkt für Strandspaziergänge (hinter Altenteil gibt es einen Parkplatz an der Küste). Auf dem Gang entlang des Haffs läßt sich sogar Heidekraut entdecken. Der Altenteiler Wald in unmittelbarer Strandnähe war vor dem Krieg noch etwas größer, mußte jedoch in den kargen Zeiten nach 1945 als Brennholzlieferant herhalten. In diesem Küstenabschnitt liegen auch ein Campingplatz und ein beliebtes Surfrevier. Deswegen gibt es trotz der bescheidenen Größe des Örtchens einige Restaurants, in denen man gut Einkehr halten kann.

Abb. 19: Der Alwerstein

Alwerstein

Bewegt man sich von Albertsdorf in Richtung Küste, zweigt noch vor Gold ein schmaler asphaltierter Weg nach links ab, an dessen Ende vor der Küste ebenfalls zur Linken der Alwerstein liegt. Es ist eines der letzten erhaltenen Steinkammergräber aus germanischer Zeit auf der Insel. Zwar liegt es auf einer Koppel, aber ein kleiner Fußpfad ermöglicht den Zugang.
So unscheinbar der in einer kleinen Aufforstung gelegene Alwerstein auch aussieht - an der sonst sehr flachen Westküste galt er vor der Existenz der Leuchttürme lange als Ansteuerungspunkt für die durch den Sund fahrenden Schiffe. Und auch als Aussichtspunkt von Land aus hat er seine Qualitäten: Man hat von hier aus einen wunderschönen Blick über die Orther Reede bis hinüber zum Flügger Leuchtturm.

Bannesdorf

Das Kirchdorf des Norderkirchspiels ist ein ruhiger Flecken, schon weil es ein wenig abseits der Hauptstraße liegt, die von

Abb. 20: Die St.-Johannis-Kirche in Bannesdorf

Burg nach Puttgarden führt. Eine von dieser Strecke abzweigende Straße führt U-förmig durch den Ort und schließlich wieder auf die Hauptstraße zurück. Als Siedlung hat Bannesdorf eine lange Geschichte, was man dem Dorf auf den ersten Blick nicht ansieht. In dieser Gegend soll einst eine wendische Stadt namens Veezen oder Meezen gelegen haben. Tatsächlich sind hier schon einige Funde von historischer Bedeutung gemacht worden. So wurde an der Bannesdorfer Dorfstraße 1831 beim Anlegen einer Miststätte eine goldene Brustplatte gefunden, die man später nach Kopenhagen verkaufte.

Bedeutung erlangt Bannesdorf aber vor allem durch seine Kirche, die im Grundriß dem Ratzeburger Dom nachempfunden ist. Das genaue Baujahr der St.-Johannis-Kirche ist nicht bekannt, urkundlich erwähnt wird sie zuerst 1359. Der hölzerne Glockenturm an der Kirche ist allerdings erst von 1701. Der Innenraum ist schlicht gehalten. Es gibt einen Backsteinchor mit Resten spätgotischer Bemalung, der jünger ist als der Hauptteil der Kirche. Erwähnenswert ist der Rokokoaltar aus dem Jahr 1777 und die alte romanische Taufe aus gotländischem Kalkstein.

Von Bannesdorf aus gelangt man an Klausdorf vorbei zu einem Parkplatz an der Ostküste, der direkt am Anfang der Eindeichung liegt, die von hier bis Marienleuchte reicht. Der ideale Ausgangspunkt für einen Deichspaziergang.

Abb. 21: Das Gestüt Rüder in Blieschendorf

Blieschendorf

Auch Blieschendorf wird nicht durch eine Hauptstraße zerteilt, denn die Zubringerstraße von Burg zur E 47 führt am nördlichen Ortsrand vorbei. So ist die schnurgerade kleine Dorfstraße vom Durchgangsverkehr verschont geblieben. Friedlich liegen die Höfe nebeneinander aufgereiht, eine hübsche Umgebung mit

Koppeln, Knicks und Feldwegen rundet das Idyll ab. In Blieschendorf befindet sich das Gestüt Rüder. Hier können nicht nur Pferde stundenweise gemietet, sondern auch Reitkurse belegt werden. Auch geführte Ausritte werden angeboten. Der Clou allerdings sind Strandritte. Und wen es dann so gepackt hat, daß er sein Auto gegen ein Pferd eintauscht - das Gestüt Rüder nimmt auch Pensionspferde auf...

Burgstaaken

Die Stadt Burg war einst über einen Wasserlauf direkt mit dem Meer verbunden. Noch bis ins 16. Jahrhundert hinein existierte ein schmaler Kanal zur Ostsee. Mit dem Ausbau des Hafens Burgstaaken in den Jahren 1868 - 1871 erhielt die Stadt wieder zumindest indirekt einen Zugang zur See. Burgstaaken als bloßes maritimes Anhängsel der Inselmetropole zu bezeichnen würde dem eigenen Charakter des Örtchens aber nicht gerecht werden.

Schon die Anreise ist einen Ausflug wert. Vom Burger Marktplatz aus gelangt man über die Breite Straße und Süderstraße in den Staakensweg, der die Stadt mit dem Hafen verbindet. Und eben dieser Staakensweg, kopfsteingepflastert und von niedrigen Häusern gesäumt, ist eine der prächtigsten Alleen der Insel.

Das Ortsbild Burgstaakens wird von großen Speicherhäusern dominiert, die man erst einmal passieren muß, um von Land her das volle Hafenpanorama zu genießen. Dies ist eben kein Vergnügungshafen für Sportboote, hier wird richtig gearbeitet und so gibt es auch außerhalb der eigentlichen Feriensaison immer etwas zu sehen. Auf der »Ringwerft« wird gebaut, Fischer breiten Netze zum Trocknen auf der Pier aus oder ein Schiff der Seebädertouristik wird gerade im Hafen festgemacht...

Eine gute Zeit für einen Besuch in Burgstaaken ist der Nachmittag, wenn nach und nach die Fischkutter einlaufen. Wer mag, kann dann Fisch fangfrisch vom Schiff erstehen. Wer sich seinen Fisch lieber selbst fängt, ist ebenfalls am richtigen Ort, denn hier ist der Ausgangs- und Endpunkt der Hochseeangeltouren. Und während der Fisch-Fan auf Hemingways Spuren wandelt, setzt sich der Rest der Familie ins Ausland ab: Von Burgstaaken fahren täglich Schiffe nach Roedby auf Lolland (Dänemark).

Noch vor kurzer Zeit gab es eine ganz besondere Angeldisziplin, für die Burgstaaken bekannt war. Diese Profession hatte eine

Abb. 22: Hafenszene in Burgstaaken

Tradition, die bis zum Beginn des 19. Jahrhunderts zurückreichte: die Steinfischer. Steine wurden überall als Baumaterial gebraucht. Einen Steinbruch gab es auf Fehmarn jedoch nicht. Aber an den Küsten und auf dem Meeresgrund lagen jede Menge Felstrümmer herum, die nur eingesammelt werden mußten.

In den Anfängen wurde die Steinfischerei mit Flachbooten und Flößen in unmittelbarer Küstennähe betrieben. Es war ein relativ risikoloses Geschäft. Die Fischer segelten möglichst nah ans Ufer oder direkt an Steinriffe heran und nahmen nur solche Steine auf, die ein Mann allein problemlos heben und ins Boot legen konnte. In Burgstaaken wurde die Ladung dann nach Gewicht bezahlt.

Ab Mitte des 19. Jahrhunderts wurde das Steinfischen komplizierter. Die am leichtesten zu erreichenden Gründe waren oft schon abgesucht, an einigen Uferstellen (z.B. vor Katharinenhof) war die Steinfischerei verboten worden, weil die Entfernung der Felstrümmer den natürlichen Küstenschutz gefährdete. Jetzt wurden die Steine aus tieferem Wasser geholt. Dabei standen zwei Fischer gleichzeitig im Wasser, im Sommer mit nackten

Beinen, während des Winters mit langen Lederstiefeln oder mit Hosen aus eingefettetem Segeltuch. Mit den Füßen wurde ein geeigneter Stein und dessen Lage vorsichtig ertastet. Dann wurde die Schlinge eines Seils ergriffen und von beiden Fischern um den gewählten Stein herumgelegt. Dazu mußten beide Männer vornübergebeugt und mit dem Kopf unter der Wasseroberfläche arbeiten, was neben Kraft und Geschick auch ein hohes Maß an Fertigkeit im Luftanhalten erforderte... Mittels einer handbetriebenen Winde wurde die Beute dann ins Boot gezogen. Nicht selten glitt die Schlinge dabei ab und der Stein fiel zurück ins Wasser, was auch für die beiden Fischer nicht ungefährlich war. Durch den Ausbau des Burgstaakener Hafens erhielt die Steinfischerei großen Auftrieb. Für die Molen und Befestigungen wurde eine Menge Material benötigt. Die Fischer perfektionierten ihre Technik: Man fischte mit Stock und Zange. Mit dem Stock wurde der Stein vom Boot aus ertastet, mit der Zange ergriffen und über eine ausgesägte Stelle in der Reling hinweg an Bord genommen. Zur Arbeit wurde schon vor dem Morgengrauen ausgelaufen, denn wenn bei klarem Wetter die Sonne zu hoch stand und allzu stark auf das Wasser schien, war der Grund durch die starke Reflektion des Lichts nicht gut auszuspähen. Um dann trotzdem noch an einer ergiebigen Fundstelle weiterarbeiten zu können, wurden manchmal zwischen zwei Booten Blendsegel ausgespannt, unter deren Schatten der Boden wieder besser zu sehen war.

Im 20. Jahrhundert wurde im Zuge des technischen Fortschritts auch die Steinfischerei modernisiert. Taucher wurden eingesetzt, Kräne und motorisierte Seilwinden. So ließen sich auch große Steine aus tiefen Gewässern ziehen. Die Ausbeute wurde, wie schon in den Jahren zuvor, am Kai des Burgstaakener Hafens entladen und gleich hier von Steinschlägern bearbeitet.

Bis in die achtziger Jahre hinein gab es Steinfischer in Burgstaaken. Die von ihnen geborgenen Steine fanden vielfach Verwendung. Die Hafenmolen von Roedby, Kopenhagen, Cuxhaven und Kiel enthalten ebenso vor Fehmarn gefischte Steine wie das Ehrenmal von Laboe. Natürlich wurden die Steine auch auf Fehmarn selbst verbaut, und dort nicht allein in Burgstaaken. Auch als die Mole von Puttgarden im Rahmen des Vogelfluglinien-Fährverkehrs ausgebaut wurde, machten die Steinfischer ihren Schnitt.

Und wenn man nun Burgstaaken wieder verläßt und sich zurück nach Burg begibt, sollte man einmal die Aufmerksamkeit von der Pracht der schönen Allee auf die Straße selbst lenken: Der Staakensweg ist auf voller Länge mit Kantsteinen und Kopfsteinpflaster aus dem Meer bestückt.

Abb. 23: Meeresblick an der »Costa del Sol«

Burgtiefe

Südstrand - Fehmarns »Costa del Sol«

Über die Strandallee nach Süden führt der Weg, der den Gast aus den historischen Mauern Burgs in die Gefilde neuzeitlichen Ferienvergnügens führt. Kaum nach Verlassen der Stadt sieht man am Horizont drei gigantische Türme aus den platten Wiesen ragen. Auch beim Näherkommen ist an den grauen Wänden kein einziges Fenster zu entdecken. Man sieht auch keinen Strand, dafür eine Menge Parkplätze und fühlt sich etwas ernüchtert.

Aber das ist eben bloß die Rückseite. Die »Schokoladenseite« liegt hinter dem Deich: 2,5 km feinster weißer Sandstrand bedürfen keines weiteren Kommentars. Selbst das Turm-Ensemble gewinnt, von vorn betrachtet, ganz neue Qualitäten. Die drei

Abb. 24: Meerwasser-Hallenwellenbad am Südstrand

Abb. 25: Die »Wahrzeichen« von Burgtiefe

Riesen mit den Namen »Kopenhagen«, »Berlin« und »Stockholm« beinhalten die Fernblick-Appartements des IFA-Ferienzentrums Südstrand. Der dänische Architekt Arne Jacobsen baute die Landseite der jeweils 16stöckigen Türme fensterlos, weil ausnahmslos alle Appartements Meerblick haben sollten. Und wirklich, diese Maßnahme leuchtet ein. Wetten, daß sogar jene, die diese Anlage von hinten nur mit leichtem Gruseln betrachtet haben, später auf dem Deich stehen und denken: »Da oben, auf dem Balkon da, da müßte man mal sitzen...«

Eine besondere Attraktion befindet sich zu Füßen der drei Türme. Das »Vitarium« ist eine Erlebniswelt unter Glas, 220 m lang, 3000 qm groß und direkt mit den Foyers der Appartementhäuser verbunden. Es ist selbstverständlich auch für Besucher offen, die nicht in »Kopenhagen«, »Berlin« oder »Stockholm« wohnen. Künstliche Brunnen und Bäche, Palmen und Bambus schaffen den Rahmen für wetterunabhängiges Amusement. Überdimensionale Brettspiele und andere Spielmöglichkeiten sorgen für Unterhaltung, Kinder können in einem 250 qm großen Spielpavillon mit Sandboden toben. Diverse Restaurants und eine Ladenpassage mit einem Angebot vom Andenkenshop bis zum Friseur machen ein Verlassen des »Vitariums« während des Urlaubs eigentlich überflüssig.

Versäumen würde man dann allerdings die Badefreuden, die der Strand bietet. Wer hier Sand und Wasser genießen will, muß

Abb. 26: Badegäste in Burgtiefe um 1900

jedoch Kurtaxe bezahlen (vom 1.5.-30.9. pro Tag 3.80 DM, Kinder und Jugendliche bis 16 Jahre sind von der Kurtaxe befreit). Dafür gibt es lange Badepiers, Wasserrutschen und eben diesen schönen, flach abfallenden Sandstrand. Noch 100 m vom Ufer entfernt hat das Wasser für einen Erwachsenen mit Durchschnittsmaß Stehhöhe. Dieses seichte Wasser ist natürlich für Kinder ein idealer Spielplatz.

Mit dem Strand und dem »Vitarium« ist das Freizeitangebot auf Burgtiefe jedoch noch lange nicht erschöpft. Auf der dem Burger Binnensee zugewandten Seite der Landzunge liegt der Yachthafen von Burgtiefe mit 600 Liegeplätzen und allem an Infrastruktur von der Krananlage bis zur Bunkerstation, was der Sportschiffer braucht. Hier können Yachten mit Skipper für harte Hochseetörns gechartert und Ein-Mann-Jollen für eine fröhliche Stunde auf dem Burger Binnensee gemietet werden. Wer vom Segelfieber gepackt wird und der neuen Leidenschaft systematisch frönen möchte, kann in unmittelbarer Nähe des Yachthafens die Segelschule besuchen.

Abb. 27: Der Strand von Burgtiefe

Eine Surfschule befindet sich dort ebenfalls. Surfen und Tennis auf offenen und überdachten Plätzen sind zwei weitere Sportarten, die man auf Burgtiefe ausüben kann. Wer weniger schweißtreibende sportliche Betätigung bevorzugt, findet in dem kleinen Wäldchen fast auf der Höhe des Voss-Hauses einen Minigolf-Platz. Und falls das Wetter doch einmal so ungemütlich ist, daß man sich nicht recht in die Ostsee hineintraut: Zwischen dem schon bekannten »Vitarium« und dem »Haus des Kurgastes« liegt das Meerwasser-Wellenhallenbad mit einer konstanten Wassertemperatur von 28 °C.

Burgtiefe gesundheitshalber

Seit 1974 gilt Burg als offizielles Ostseeheilbad. Die salzhaltige Seeluft ist heilsam bei Herz- und Gefäßerkrankungen, Erkrankungen des Stütz- und Bewegungsapparats, Erkrankungen der Atmungsorgane, Hauterkrankungen, Erkrankungen im Kindesalter und bei allgemeinen Schwächezuständen sowie während der Rekonvaleszenz. Um eine sogenannte »offene«, also nicht mit einem Klinikaufenthalt verbundene Badekur vorzunehmen und

den größten Teil der damit verbundenen Kosten von der Krankenkasse erstattet zu bekommen, muß die Notwendigkeit dieser Maßnahme von einem Arzt bestätigt werden. Nach der Genehmigung durch die Kasse bucht man eine Unterkunft direkt am Kurort, in diesem Fall also Burg oder Burgtiefe, und sucht einen der zugelassenen Badeärzte auf, der dann die individuellen Anwendungen verordnet. Das Kurmittelhaus am Südstrand auf Burgtiefe ist das Zentrum dieser Therapien. Die Kurverwaltung, die zu allen Fragen bezüglich der Kurmöglichkeiten Auskunft gibt, befindet sich hier ebenso wie das »Haus des Kurgastes«, das Lese-, Schreib- und Hobbyräume sowie einen Kursaal für Veranstaltungen bietet (Anschriften der Badeärzte und Kurverwaltung siehe Kapitel »Adressen & Infos«).
Selbstverständlich kann man eine offene Badekur auch ohne ärztliche Verschreibung jederzeit durchführen. Das ist genauso gut für die Gesundheit wie eine subventionierte Kur - aber erheblich teurer...

Ein Sandhaufen macht Karriere

Ohne Appartementhäuser, Straßen, Hafenanlagen und Anpflanzungen wäre Burgtiefe nichts als eine sandige Nehrung, ungeeignet für die Landwirtschaft und als Wohnort in Wind und Wetter ein ungemütlicher Platz. Nichts als eine sandige Nehrung ist Burgtiefe die meiste Zeit auch gewesen. Ein sehr friedlicher Ort war es deshalb trotzdem nicht immer. Das lag an der unmittelbaren Nachbarschaft der Burg Glambeck, aber auch an den Exzessen des Hexenwahns im 17. Jahrhundert. Denn hier auf Burgtiefe wurde im Bereich des Voss-Hauses bei den der Hexerei Verdächtigten die »Wasserprobe« durchgeführt. Dem Opfer wurden die Hände über Kreuz an die Füße gebunden. Dann wurde es in einem Kahn auf das Meer hinaus gerudert und über Bord geworfen. Versank es, galt die Unschuld als erwiesen, blieb es an der Oberfläche, war es überführt und reif für Folter und Scheiterhaufen. Die durch die spezielle Fesselung gekrümmten Kandidaten, die zudem meist noch ölgetränkte Wollkleidung trugen, sanken in der Regel nicht...
Moderne Zeiten brachen an, als ein Burgstaakener Gastwirt 1852 damit begann, regelmäßig Sommergäste mit dem Ruderboot zum Baden auf den Binnensee zu fahren. In den Jahren danach wohnten erstmals einige Badegäste in den wenigen Katen »Op de Deep«, wie Burgtiefe damals noch genannt wurde.
Die Nacht vom 12. zum 13. November 1872 ist ein historisches

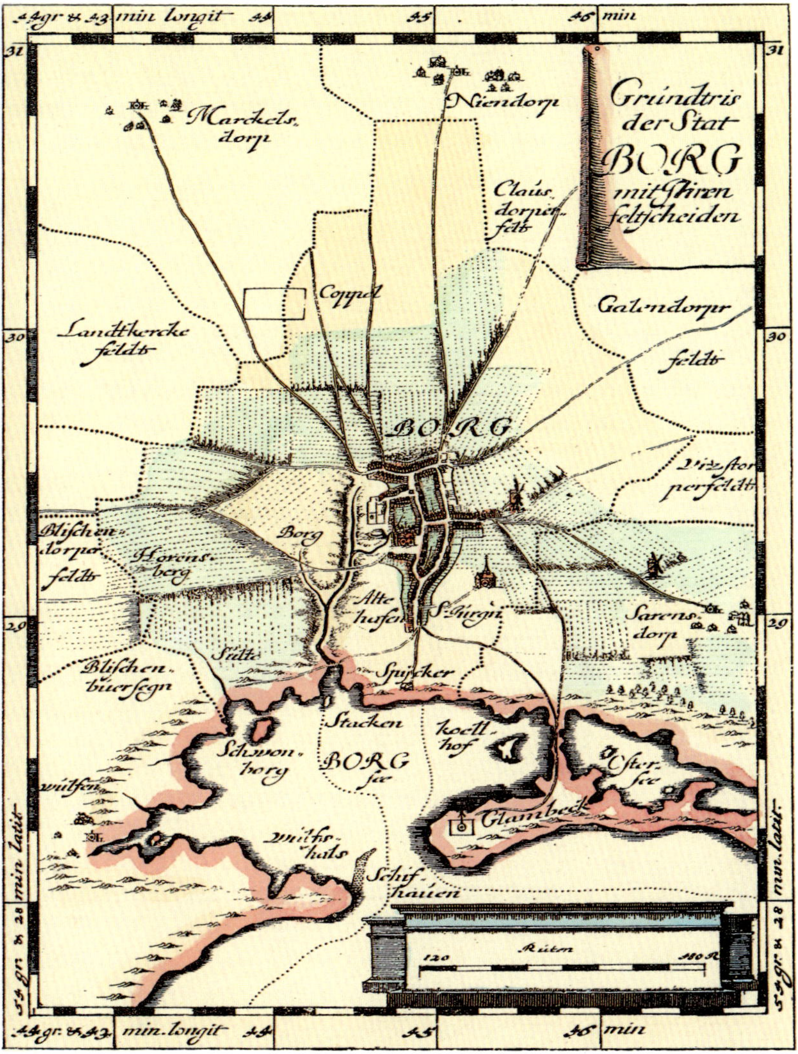

Abb. 28: Burg, Burgtiefe und Glambeck um 1650

Datum für Fehmarn. Weite Teile der Insel wurden durch eine außergewöhnlich heftige Sturmflut verwüstet. Die flache Nehrung Burgtiefe hatte der aufgewühlten See nichts entgegenzusetzen und wurde völlig überspült. Bis auf ein einziges Fischerhäuschen wurden alle Gebäude durch die Fluten von der Landzunge gewischt. Als nach der Katastrophe der Schaden begutachtet wurde, entdeckte man die längst vergessene und nun durch das Wasser freigespülte Ruine der Burg Glambeck. Wissenschaftler reisten an, Menschen mit Interesse an Archäologie und Geschichte wurden durch die Berichterstattung auf Burgtiefe aufmerksam gemacht. Wer einmal wegen der Ruine anreiste, bemerkte auch die natürliche Schönheit der Landzunge und kam zwecks Erholung wieder.

1875 wurde ein »Strandhotel zur Tiefe« gebaut, 1901 dann auf 10000 qm Fläche ein Wäldchen angelegt. Diese Aufforstung war auf dem Sandboden keine einfache Sache und es bedurfte des kundigen Expertenrates eigens angereister Fachleute vom »Heidekulturverein«, um die zarten Pflänzchen zum Sprießen zu bringen. Der Architekt Carl Voss, der Erbauer des Burger Rathauses, war von der Landzunge so angetan, daß er hier ein Privatdomizil errichtete. Das heutige Voss-Haus, mittlerweile ein Hotel, steht noch an derselben Stelle, an der sich einst der erste Bau - ein Holzhaus - befand.

Die fortschreitende Entwicklung des Badebetriebs nahm ihren Lauf. In den nächsten Jahrzehnten wurden Badekabinen gebaut, der Strand wurde aufgespült und 1928 eine Kurtaxverordnung beschlossen. 1934 registrierte man bereits 8000 Übernachtungen.

Das heutige Gesicht erhielt Burgtiefe in den Jahren nach dem Bau der Fehmarnsundbrücke. Das moderne Kurzentrum ersetzte die alten Gebäude, auch das Hotel »Wartturm zur Glambeck«, welches als stilisierte Burg unmittelbar neben der Ruine errichtet worden war und 55 Jahre lang die Silhouette der Nehrung geprägt hatte. Die vorerst letzte Neuheit ist das bereits beschriebene »Vitarium«, welches 1987 eröffnet wurde.

Burg Glambeck

Etwas verloren liegt sie da, die Burgruine. Das Fragment eines Turmes ragt aus einem überwucherten Trümmerfeld. Eingekeilt zwischen den modernen Beton-und Glasfassaden der Kurverwaltung und des Hallenbades wirkt Glambeck wie ein Anachronismus in der aufgeräumten Umgebung. Und das ist es auch, denn an Kuraufenthalte zwecks Erhaltung der Gesundheit hat man beim Bau der Burg seinerzeit sicher nicht gedacht...

Wann exakt die Tage der Burg begannen, ist nicht bekannt. Vermutet wird das Jahr 1210, also zu Beginn desselben Jahrhun-

Abb. 29: Die Ruinen der Burg Glambeck

derts, in dem auch die großen Fehmaraner Kirchen entstanden. Die Anfänge der Stadt Burg als Ortsgründung reichen wesentlich weiter zurück, die Inselmetropole ist also nicht, wie manchmal gemutmaßt wird, nach der Burg Glambeck benannt.

Auf Glambeck war der Sitz des dänischen Amtsverwalters. Diese Residenz wurde nicht bloß aus Prestigegründen als Burg bezeichnet, sondern war tatsächlich als Wehrburg konzipiert und mußte im Verlauf der Geschichte ihre Schutzfunktion mehrfach unter Beweis stellen. Einige Male wurden ihre Mauern überrannt. So auch 1416 von dem Dänenkönig Erich dem Pommern, dessen Soldaten die Burg aber nur einige Monate halten konnten. 1420 kam Erich zurück und rächte das schnelle Scheitern des ersten Versuchs grausam (s.a. Kapitel »Eine Schöne mit Vergangenheit«). Doch schon 1426 verlor er Glambeck wieder gegen eine aus der Not geborenen Allianz von Vitalienbrüdern und Hansestädtern. Eine bemerkenswerte Genossenschaft, waren doch sonst für gewöhnlich die einen darauf erpicht, sich an den Gütern der anderen räuberisch zu bereichern, während eben jene es sich zur Regel gemacht hatten, die Diebe kurzerhand aufzuknüpfen, so sie ihrer habhaft wurden.

Die Rückeroberung von Glambeck wurde von Vitalienbrüdern durchgeführt und ist ein schönes Beispiel dafür, daß auch das aufwendigste Bollwerk gestürmt werden kann, wenn nicht Brachialgewalt, sondern Witz und Verstand angewendet wird. Die Angreifer waren nur ungefähr 200 Mann stark. Sie erschienen in stockfinsterer Nacht vor der Burg und simulierten lautstark das Getöse einer furchterregenden Armee, die sich auf einen Sturm-

Abb. 30: Badekarren in Burgtiefe um 1900

angriff vorbereitet. Sie klapperten mit Waffen, schwenkten Sturmleitern und gaukelten der schlotternden Burgbesatzung mit rauhen Kommandos wie: »Die Lübecker an die Ostflanke!« oder »Wo sind die Hamburger? An die Leitern!« eine erdrückende Übermacht vor, gegen die ein Kampf von vornherein aussichtslos zu sein schien. Gegen das Versprechen, frei abziehen zu dürfen, ergaben sich die Burgverteidiger noch vor dem Morgengrauen. Frechheit siegte, und die Vitalienbrüder hatten einen neuen Stützpunkt.

Das Ende der Burg als Wohnsitz kam im Dreißigjährigen Krieg.

Kaiserliche Truppen unter dem Befehl eines Grafen von Merode zerstörten Glambeck 1627 derart, daß es nicht wieder aufgebaut wurde. Die noch vorhandenen Mauern dienten der Bevölkerung noch einige Jahrzehnte als Reservoir für Baumaterial, über die Fundamente wuchs allmählich die Dünenlandschaft der Nehrung.

Die Sturmflut 1872 spülte wieder frei, was von der Burg noch übriggeblieben war. Man fand einige Münzen, Waffenfragmente und Reste von Tierknochen. Vor allem aber ließ sich wieder ein Bild von der gesamten Anlage konstruieren.

Die Außenmauern der Burg waren 75 m lang und 34 m breit. Der Turmrest in der nordöstlichen Ecke ist der Unterbau des sogenannten Burgfrieds, auf dem einst ein hölzerner, mit einem Wehrgang versehener Aufbau den Beschuß angreifender Feinde ermöglichte. Der 2,77 m breite Haupteingang liegt in der Nähe. Im Gemäuer ist noch die Rille zu erkennen, in der das Fallgitter herabgelassen wurde. Links vom Eingang befand sich die Wachstube. Die Südseite beherbergte die Wohnräume, die Wirtschaftsräume befanden sich an der Nordseite. Reste von Backöfen und Feuerstellen sind hier noch zu identifizieren. An der Westseite gab es einen zweiten Eingang, der ebenfalls von einem Turm bewacht wurde, auf dem eine Pechnase installiert war - eine Apparatur, mittels derer mißliebige Eindringlinge mit heißem Teer übergossen wurden. Von einstiger Pracht ist nicht viel geblieben. Der Burggraben und der kleine Wall, die heute das Areal einfrieden, sind erst nach der Wiederentdeckung der Ruine angelegt worden. Ein Turmfragment, ein überwuchertes Trümmerfeld - und doch, an stillen Tagen, wenn die See rauscht und Möwen kreischen, sieht man sie vor sich, die echte Seeräuberburg: Waffengeklirr schallt herüber, Brände lodern und ein Trupp wilder Gestalten verläßt gerade die Festung durch den Fluchttunnel, der vom Burgverlies bis zu einem versteckten Ausgang außerhalb der westlichen Mauer führte...

Fehmarnsund (Ort)

Ein kleines, verträumtes Nest am Sund ist der Ort heute. Nur wenige Meter von der Küste entfernt ducken sich kleine Häuschen hinter Hecken. Auch für Fehmarnsund hat der Bau der Brücke den großen Wandel gebracht, allerdings nicht zum blühenden Wachstum wie andernorts. Bis zum magischen Datum

Abb. 31: Die Fehmarnsundbrücke

der Brückeneröffnung befand sich hier die Anlegestelle der Fähren, ein wichtiger Ort auf der Insel, die Verbindungsstelle zum Festland. Das rege Treiben veranschaulicht die letzte Fährbilanz aus dem Jahr 1962: Auf 37321 Überfahrten von und nach der Insel wurden 1.076.192 Reisende und 227.184 Autos befördert, zusätzlich täglich bis zu 165 Güterwaggons.
Bis zum Beginn des 20. Jahrhunderts wurde der Fährdienst mit Prahmen und Segelbooten durchgeführt, was bei schlechtem Wetter ein unsicheres Unterfangen war. Dann wurde 1903 das erste von mehreren dampfbetriebenen Trajektschiffen in Dienst gestellt, die in der Lage waren, Menschen, Pferdegespanne, Kraftfahrzeuge und Eisenbahnwaggons gleichermaßen zu transportieren.
Auf dem Gelände des ehemaligen Fährhafens liegt jetzt die Beelitz-Werft. Statt des Blicks auf das Getümmel am Anleger kann man jetzt die Ansicht der Brücke genießen, vielleicht bei einem Stück Kuchen von der Terrasse des Restaurant-Cafés »Ostseeblick« aus. Panorama mit Sahne ist einfach eine unschlagbare Kombination.

Fehmarnsundbrücke / Vogelfluglinie

Kein Bauwerk hat das Inselleben auf Fehmarn je so gravierend verändert wie die Brücke über den Sund. Unabhängig von der beschränkten Kapazität einer Fähre, die nur zu bestimmten Zeiten verkehrt, konnte die Insel jetzt nach Belieben betreten und wieder verlassen werden. Urlaubsgäste kamen in weitaus größerer Zahl als früher. Der Tourismus, einst ein zwar willkommenes, aber doch nebensächliches Geschäft, wurde zum Hauptindustriezweig auf Fehmarn.
Der Transitverkehr über die Vogelfluglinie hätte viel von der Beschaulichkeit der Insel zerstören können. Tatsächlich teilt die E 47 Fehmarn in zwei Hälften, aber da die Straße und die parallel liegende Bahnlinie fast auf der gesamten Strecke auf einer Rampe oder in einem künstlichen Graben verlaufen und es keine einzige höhengleiche Kreuzung mit einer Inselstraße gibt, kann man die Existenz der Europastraße völlig ignorieren. Umgekehrt verhält es sich natürlich auch so: Wer auf der Durchreise nach Skandinavien ist, wird gerade noch die Brücke wahrnehmen und bestenfalls daran denken, daß es noch 18 Kilometer bis zum Schiff sind. Aus der Perspektive der E 47 ist Fehmarn uninteres-

sant. Es gibt wohl kaum eine so große Straße mitten auf einer so kleinen Insel, die sich so wenig bemerkbar macht.

Die Brücke ist allerdings unübersehbar, von vielen Punkten der flachen Insel, manchmal weitab vom Sund, gerät sie plötzlich ins Blickfeld. Mit ihren schön geschwungenen Bögen wirkt sie trotz ihrer Dominanz nicht monströs und fügt sich harmonisch in die Landschaft. Eleganz ist ihr nicht abzusprechen, auch wenn sie manchmal etwas respektlos als »Kleiderbügel« bezeichnet wird. Man kann die Brücke auch auf einem Fußweg überqueren. Dieses Erlebnis sollte man sich nicht entgehen lassen, denn die Perspektive zwischen den Tragbögen versetzt nicht nur Fotoenthusiasten in Verzückung. Auch die Aussicht auf das blaue Wasser, die bunten Segel der Boote und Surfer und die grüne Küste der Insel bietet ein Schauspiel, das man nur zu Fuß oder per Rad richtig genießen kann. Der Fußgängeraufstieg zur Brücke ist über den Weg von Strukkamp her zu erreichen.

Nach dem Blick von oben kann man den von unten folgen lassen, indem man die Brücke wieder über den Fußgängeraufstieg verläßt und am Strand entlang unter dem Bauwerk hindurch in Richtung des Ortes Fehmarnsund geht.

Brückenschlag in Zahlen

Der Fehmarnsund ist am Ort der Überbrückung 1350 m breit und hat eine maximale Tiefe von 9 m. Zwei bis zu 23 m hohe, in das Meer hineingebaute Rampen führen auf die Brücke. Vom Festland her reicht die Rampe 330 m, von der Insel 110 m über die Ufer in den Sund hinein.

Die eigentliche Brücke ist 963,40 m lang, hat eine Breite von 21 m (davon sind 6 m für die Bahnlinie) und eine Durchfahrtshöhe von 23 m über NN. Die Breite der Schiffahrtsöffnung beträgt 240 m, der höchste Punkt der Bögen erreicht die Höhe von 69,10 m über NN.

Verbaut wurden unter anderem 9200 Tonnen Stahl und für die sieben Pfeiler 22150 Kubikmeter Beton. Der Anstrich verschlang 130000 Kilogramm Farbe... Da wundert es dann schon nicht, daß dieses ganze Projekt 42,5 Millionen DM kostete.

Der erste Spatenstich erfolgte am 4.1.1960, am 14.5.1963 wurde die Brücke eröffnet.

Gammendorf / Niobedenkmal

Von dem ruhigen Örtchen Gammendorf aus führt eine Straße nordwärts zur Küste, mitten durch ein Naturparadies. Die tiefgelegenen Weideflächen wurden mehrfach überflutet. Trockengefallene Stellen bildeten kleine Inseln, geschützte Nistplätze für viele Vögel, ein an Pflanzen und Tieren reiches Biotop.

Vor dem Strandwall befindet sich ein kleiner Parkplatz. Man durchquert eine kleine Aufforstung, steht auf dem Deich und blickt über den Belt. Und geht man einige hundert Meter ostwärts auf das Naturschutzgebiet »Grüner Brink« zu, sieht man zwischen den Dünen einen Mast emporragen...

Der Mast stammt vom Wrack des Marine-Segelschulschiffes »Niobe«, das etwa 8000 m von dieser Stelle enfernt im Belt versank. Es war die schlimmste Schiffskatastrophe vor Fehmarn in diesem Jahrhundert.

Der Untergang der »Niobe«

Das Schiff, welches als »Niobe« zu trauriger Berühmtheit gelangen sollte, war eigentlich einst ein dänischer Frachter gewesen, 1913 gebaut und ursprünglich ein Viermastgaffelschoner. Während des 1. Weltkriegs wurde es nach Norwegen verkauft. Als es mit einer Ladung Holz nach England unterwegs war, wurde es von einem deutschen U-Boot aufgebracht und anschließend von den deutschen Behörden beschlagnahmt. Nach verschiedenen Nutzungen als Frachschiff übernahm die Marine den Schoner und ließ ihn 1922/23 zum Schulschiff umrüsten. Auf der Kieler Germania-Werft wurde aus dem Schoner eine Jackassbark. Mit nun nur drei, aber dafür erhöhten Masten und einer um ein Drittel vergrößerten Segelfläche sah das Schiff jetzt zwar sehr schmuck aus, doch gab es kritische Stimmen unter den Fachleuten, die eine derartige Übertakelung für riskant hielten. Die Mahner wurden ignoriert.

Während der Nacht vom 25. zum 26. Juli 1932 hatte die »Niobe« mit einer Besatzung von 109 Mann westlich von Fehmarn geankert. Am Vormittag des 26. nahm man Kurs auf den Belt, Tagesziel war Warnemünde. Um 13.50 Uhr passierte man das Feuerschiff »Fehmarnbelt«. Etwa um dieselbe Zeit bemerkte die Mannschaft, daß sich im Südwesten über Fehmarn eine Gewitterfront aufbaute. Der Kommandant der »Niobe«, Kapitänleutnant Ruhfus, reagierte auf diese drohende Wolkenbank, indem er die Obersegel

Abb. 32: Das Segelschiff »Niobe«

bergen ließ. Ansonsten ging alles seinen normalen Gang: Die meisten der Männer befanden sich unter Deck, theoretische Ausbildung stand auf dem Plan.
Um 14.15 Uhr begann eine Südwest-Böe erst sacht, dann unvermittelt wuchtig gegen das Schiff zu blasen. Die »Niobe« krängte stark nach Backbord, gelangte nicht mehr aus den Fängen der Windböe heraus und lag bereits eine halbe Minute später mit Masten und Segeln seitwärts im Wasser. Die Fluten schossen in die Niedergänge und durch geöffnete Bullaugen. Der Druck der eindringenden Wassermassen ließ kaum einem der Männer unter Deck die Chance, aus dem Gefängnis des absinkenden Rumpfes ins Freie zu gelangen.
Wer schon vor der Kenterung an Deck war, hatte bessere Aussichten. Die Besatzung des Hamburger Holzfrachters »Theresia L.M. Russ« hatte die Katastrophe beobachtet und sofort Rettungsboote ausgesetzt. Auch auf dem Feuerschiff »Fehmarnbelt« wurde sofort reagiert und ein Motorboot zu Wasser gelassen. Trotz dieser schnellen Hilfe wurden nur 40 Besatzungsmitglieder der »Niobe« lebend geborgen, 69 Männer waren ertrunken.
Das Wrack lag in 28 m Tiefe. Man ging umgehend daran, es zu bergen, was erst nach Absprengung der Masten möglich war. Am 28. August, gut einen Monat nach ihrem Untergang, kam die »Niobe« wieder über die Wasseroberfläche. 50 tote Männer lagen noch in ihrem Rumpf. Die Leichen der 19 weiteren Opfer wurden nicht mehr gefunden. Die meisten der Toten wurden in Kiel im Rahmen einer Gedenkfeier in einem Gemeinschaftsgrab beigesetzt.
Am 18. September kam es auf der Höhe von Stolp vor der pommerschen Ostseeküste zu einer gespenstischen Zeremonie. Fast die gesamte Flotte der Reichsmarine hatte sich zur letzten Ehre für den zerschlagenen Rumpf der »Niobe« versammelt, den man hierher geschleppt hatte. Das Torpedoboot »Jaguar« jagte einen Torpedo in das Wrack und versenkte es endgültig auf 55° 14' nördlicher Breite und 17° 21' östlicher Länge. Kapitänleutnant Ruhfus, der das Unglück überlebt hatte, wurde in einem Kriegsgerichtsverfahren von der Verantwortung für die Katastrophe freigesprochen. Als Ursache wurde »höhere Gewalt in Form einer Fallböe« geltend gemacht.
Am 26.7.1933, genau ein Jahr nach dem Unglück und am Anfang

Abb. 33: Der Mast der »Niobe«

einer Katastrophe viel größeren Ausmaßes, wurde das Denkmal am Strand von Gammendorf eingeweiht. Ein Teil eines Mastes von der »Niobe«, ein schlichter Findling und eine Bronzeplakette, deren Inschrift gleichermaßen ein Denkmal für eine Geisteshaltung ist, die hoffentlich ebenso endgültig untergegangen ist wie das Schiff. Das abschließende Bekenntnis: »Es ist nicht nötig, daß ich lebe, wohl aber, daß ich meine Pflicht tue« läßt sich wirklich nur als Zeitdokument ertragen.

Gold

Hinter diesem magischen Namen, der Visionen von Goldschürfern, Tingeltangeln und Revolverduellen erweckt, verbirgt sich ein ganz friedliches Fleckchen Fehmaraner Erde. Dieser kleine Ort hinter Albertsdorf liegt direkt an der Küste der Orther Reede und besteht nur aus einigen Häuschen. Bis um 1920 herum gab es hier sogar noch einen kleinen Hafen, einen Kornspeicher und eine Kalkbrennerei. Ein Eldorado ist der Strand von Gold heute aber trotzdem: Surfer und Segler finden hier ein beliebtes Revier. Auch für Kinder ist dies ein guter Platz zum Baden. Gegen den Hunger danach empfiehlt sich der Besuch des Restaurants »Achtern Diek«, für eventuelle Defizite im Bereich des sportlichen Know-hows ist die dahinterliegende Surf- und Segelschule Gold zuständig...

»Grüner Brink«

Östlich des »Niobe«-Denkmals liegt an der Nordküste Fehmarns das nach dem Wasservogelreservat Wallnau größte Naturschutzgebiet der Insel. Die 134 ha des »Grünen Brinks« stehen schon seit 1938 unter Naturschutz.
Dabei verdankt dieses reizvolle Gebiet seine Entstehung einer durchaus unnatürlichen Maßnahme. Als nämlich in den siebziger Jahren des 19. Jahrhunderts an der Nordküste Deiche gebaut wurden, entstand im Bereich des »Niobe«-Denkmals ein leichter, südwärts gerichteter Knick in der Küstenlinie. Da hier an der Beltküste eine West-Ost-Wasserströmung vorherrscht, lagerte sich Sand und Geröll an dem neuen Hindernis ab. Allmählich wuchsen Nehrungshaken in das Meer und trennten Buchten ab, die endlich zu abgeschlossenen Strandseen wurden. Nur bei extremem Hochwasser dringt die Ostsee noch in das neu geschaffene Naturparadies ein.
Die Bildung der Nehrungshaken ist mit dem derzeitigen Status längst nicht beendet. Auch heute noch verändert sich das Bild des »Grünen Brinks« durch das Zusammenspiel von Wasser, Sand und Strömung. Da die Entstehung des Gebiets gemäß des

Abb. 34: Surfer im Surfparadies »Gold«

...römungsverlaufes von Westen her erfolgte, liegen die ältesten Strandseen dort. Die Schilfzonen dieser Gewässer bieten zahlreichen Vogelarten geschützte Brutstätten und beherbergen eine vielfältige Amphibienwelt. Auch Botaniker kommen auf ihre Kosten, denn in der Umgebung der Seen und Salzwiesen findet man einige Pflanzen, die selten geworden sind. Aber auch diejenigen, die nicht unbedingt in der Lage sind, die »Rauhhaarige Dornmelde« von dem »Dickblättrigen Gänsefuß« zu unterscheiden, werden an der Natur ihre Freude haben. So etwa an der zum Deich hin gelegenen Küstenheide, deren violette Blüte im August einen malerischen Anblick bietet.

Wie jedes Naturschutzgebiet ist auch der »Grüne Brink« ökologisch äußerst empfindlich. Daß dieses Areal von Stränden eingekeilt ist, an denen in den Sommermonaten ein reges Badeleben tobt, birgt immer die Gefahr, daß Einzelne es mit dem Schutz der Natur nicht ganz so genau nehmen und ihren Lagerplatz in den herrlich ruhigen Dünen des »Grünen Brinks« aufschlagen. Daß solches Tun dem Ruhebedürfnis der Tiere nicht entgegenkommt, sollte klar sein. Eine Bitte der Naturschützer richtet sich an die Segler und Surfer, die mit ihren Sportgeräten die Küste des »Grünen Brinks« nicht in ihre Aktivitäten einbeziehen sollten.

Zu Fuß läßt sich das Gebiet auf eigens angelegten Wegen erkunden. Wer dies gerne unter sach- und fachkundiger Anleitung unternehmen möchte, sollte sich entweder bei der Kurverwaltung oder bei dem Vogelwärterhäuschen am »Grünen Brink« über die jeweiligen Führungstermine informieren, die im Sommer regelmäßig stattfinden.

Katharinenhof

Wie auch immer ein Urlaub auf Fehmarn gestaltet werden soll, einen Abstecher nach Katharinenhof sollte man auf gar keinen Fall vermeiden, sonst würde man einen der schönsten Plätze auf der Insel versäumen. Schon die Anfahrt über Vitzdorf ist ein Erlebnis für sich, denn der Weg führt durch eine wunderschöne Lindenallee. Katharinenhof selbst war ursprünglich ein Gutshof, der um 1760 entstanden ist. 1920 wurde das Gut aufgelöst und einige Jahre später in mehrere kleine Ansiedlungen aufgeteilt, die heute insgesamt Dorfcharakter haben. Die Lindenallee führt direkt auf das ehemalige Gut zu. Rechter Hand liegen noch einige Tümpel zwischen Bäumen, Relikte der früheren Parkanlage.

Abb. 35: Die Allee vor Katharinenhof

Auch ein alter Grenzstein ist hier noch zu sehen.
Die Küste von Katharinenhof hat ihre besonderen Reize. Es ist eine bewaldete Steilküste mit einem zerklüfteten Kiesstrand. Im Wasser liegen große Felstrümmer, an denen sich die Brandung bricht. Ein Spaziergang lohnt sich hier auch bei schlechtem Wetter. Stärken kann man sich hinterher im »Waldpavillon«, den man über die von Katharinenhof nach Norden führende Stichstraße (endet beim Campingplatz) erreicht. Doch bevor dort Einkehr gehalten wird, sollte man noch die wenigen Schritte bis zu dem Megalithgrab aus der Jungsteinzeit gehen, das hier ganz in der Nähe auf freiem Feld liegt.

Museum Katharinenhof

Ein Besuch lohnt sich ebenfalls im Museum Katharinenhof. Neben historischen bäuerlichen Gerätschaften sind viele Raritäten des täglichen Gebrauchs aus früheren Zeiten zu sehen wie etwa Musikspielgeräte, Spielzeug und Mobiliar. Außer der unmittelbaren Alltagswelt der Landwirte werden auch »branchenfremde«

Kontexte dargestellt. So sieht man eine alte Schmiede, eine Webstube und eine Buchdruckpresse aus dem 19. Jahrhundert. Ein besonderer Clou sind das original historische Backhaus und die 470 Jahre alte Rauchkate. Beide werden heute noch betrieben und sorgen dafür, daß neben dem Bildungshunger hier noch ganz andere Bedürfnisse befriedigt werden können: Knusprig frisches Steinofenbrot und würzig duftender Katenschinken können vom Besucher käuflich erworben werden...

Das ist gewesen: Baron von Leesen

Eine besondere Gestalt in der Geschichte des Guts Katharinenhof und auch in der Historie der Insel ist er schon, der Herr Baron. Und dies nicht nur wegen seiner Verstrickung in die Odyssee der Korp-Taufe (s.a. Kapitel »Burg, die Inselmetropole/Die Kirche St. Nikolai«). Zu seinen Zeiten als Gutsherr auf Katharinenhof in den vierziger Jahren des 19. Jahrhunderts sorgte er auf manche Weise für Furore auf der sonst so ruhigen Insel. So pflegte er in bester Landjunkermanier vierspännig auszureiten, zumeist begleitet von seinem schwarzen Leibdiener, dessen auf einer Insel wie Fehmarn befremdlich exotische Erscheinung natürlich stets Anlaß zu den wildesten Gerüchten gab. Kam er spät von so einem Ausflug zurück und passierte das einst zwischen Vitzdorf und Katharinenhof gelegene »Grüne Torhaus«, ein grün angestrichenes Nachtwächterhaus, mußte der dort diensttuende Wächter ein Hornsignal blasen. Für Blasmusik muß Baron von Leesen ohnehin geschwärmt haben. Aus dem Kreise seiner Bediensteten hatte er eine Kapelle rekrutiert, die hin und wieder auf dem flachen Dach des Herrenhauses mehr laut als harmonisch Jagdhornhymnen intonierte.

Eine andere Passion des Barons war die Politik, ein nicht ganz so harmloses Steckenpferd. Als zwischen Deutschen und Dänen von 1848-1851 Krieg herrschte, beauftragte die provisorische Regierung in Kiel Herrn von Leesen mit der Bildung einer fehmarnschen Küstenmiliz und übertrug ihm gleichzeitig das Kommando über die Truppe. Er kam der Weisung nach und fortan wurden an der Küste Milizposten aufgestellt.

Am 15. April 1848 erschienen zwei dänische Kriegsschiffe vor Burgtiefe und setzten ein Boot mit drei Männern aus. Einer davon war der Kapitänleutnant von Dirking-Holmfeld, der im Auftrag seiner Regierung die eventuelle Bereitschaft der Fehmaraner erkunden sollte, in dem Konflikt der beiden Staaten Neutralität zu

Abb. 36: Steilküste bei Katharinenhof

wahren und als Gegenleistung von kriegerischen Handlungen verschont zu bleiben. Dirking-Holmfeld machte mit seinem couragierten Verhalten und dem interessanten Anliegen großen Eindruck bei den ganz und gar nicht kriegswütigen Milizsoldaten. Er war bereits mit seinen Männern wieder im Boot und im Begriff, zu seinem Schiff zurückzurudern, als Baron von Leesen angeritten kam und ihm die Umkehr befahl. Der Däne dachte an eine Fortsetzung der Unterhandlungen und kehrte um. Kaum war das Ufer wieder erreicht, wurde Dirking-Holmfeld vom Baron eigenhändig aus dem Boot gezerrt. Im folgenden Getümmel krachten Schüsse. Ein Begleiter des dänischen Parlamentärs wurde getötet, der andere konnte leicht verletzt zu den Schiffen entkommen. Dirking-Holmfeld wurde auf Weisung des Barons verhaftet und später nach Rendsburg überführt.

Am 17. Juli 1850 schlugen die Dänen dann zu. Eine Flotte landete überraschend ausgerechnet an der gefährlichen Steilküste von Katharinenhof, dänische Truppen nahmen die ganze Insel ein, ohne einen Schuß abfeuern zu müssen. Baron von Leesen

Abb. 37: Der Dorfteich von Kopendorf

konnte zunächst fliehen, wurde jedoch später gefaßt und 1853 in Kopenhagen zu einer elfmonatigen Haftstrafe verurteilt. Außerdem wurde er gezwungen, seinen Besitz auf Fehmarn zu verkaufen. Damit war die von Leesensche Ära auf Gut Katharinenhof am Ende.

Aber auch die neue dänische Obrigkeit hielt sich nur bis 1864. Als Fehmarn dann preußisch war, erschien der Angriff des Barons auf einen Unterhändler wieder in einem anderen Licht und wurde als lobenswerter Akt der Vaterlandsverteidigung bewertet. Patrioten waren en vogue, und also wurde 1872 am Schauplatz des Geschehens auf Burgtiefe ein Gedenkstein gesetzt: »Hier gedenke der Standhaftigkeit thatkräftiger Fehmaraner zur Befreiung der Insel von dänischer Herrschaft nebst der Gefangennahme des Marinekapitäns von Dirking-Holmfeld am 15. April 1842.« Noch im selben Jahr allerdings wurde der Stein von einer großen Sturmflut beschädigt und nach Burgstaaken versetzt.

Kopendorf

Fehmarn hat viele schöne Dörfer, aber einige sind darunter, in die man sich auf den ersten Blick verliebt. Zwar haben sie weder ein altes Denkmal, einen größten Marktplatz, einen höchsten Turm noch sonst irgendein touristisches »Muß« vorzuweisen, aber sie sind so harmonisch schön, daß ein Besuch eben trotzdem lohnt. Kopendorf ist ein solcher Ort. Dorfteiche findet man etliche auf der Insel, aber dieser ist besonders idyllisch und die Anlage des Dorfes hat das gewisse Etwas. Einen statistischen Superlativ kann Kopendorf immerhin bieten: In Ortsnähe fließt die nach dem Dorf benannte »Kopendorfer Au« - und die ist mit der stattlichen Länge von 12 km Fehmarns längster Süßwasserlauf. Wer schon in Petersdorf ist, sollte sich dieses Nachbardorf nicht entgehen lassen.

Krummsteert / Sulsdorfer Wiek

Der Krummsteert (niederdeutsch: »Krummschwanz«) bildet Fehmarns südwestlichen Zipfel. Unterhalb des Flügger Leuchtturms ragt er in die Orther Reede hinein, durch Schwemmsand noch beständig in seiner Länge wachsend (immerhin um 900 m allein während der letzten 100 Jahre). Die Sulsdorfer Wiek ist eine Bucht westlich von Orth, die nach der großen Flut von 1872 eingedeicht wurde und allmählich verlandet. Gemeinsam mit dem sehr flachen westlichen Teil der Orther Reede bilden Krummsteert und Sulsdorfer Wiek das dritte Naturschutzgebiet (300 ha) auf Fehmarn neben Wallnau und dem »Grünen Brink«. Da der Krummsteert nur ein schmaler, an den engsten Stellen bloß wenige Meter breiter Nehrungshaken ist, macht sich jede Störung der dort beheimateten scheuen Seevögel durch Surfer, Segler oder Wanderer in einem verminderten Bruterfolg unmittelbar bemerkbar. Zur Beobachtung der Flora und Fauna steht dem Naturfreund daher lediglich der Pfad zur Verfügung, der von Orth zum Flügger Leuchtturm führt. Aber auch von diesem Weg aus entdeckt man eine Menge seltener Vogel- und Pflanzenarten. Und ein Naturereignis ist bei klarem Himmel und entsprechender Tageszeit garantiert: Dies ist ein Platz, der einem Sonnenuntergang Vollendung verleiht...

Abb. 38: Orth mit »Krummsteert« und Flügger Leuchtturm, Hintergrund

Landkirchen

Landkirchen ist ein für fehmarnsche Verhältnisse großer Ort. Obwohl es niemals Stadtrecht besaß, war es über Jahrhunderte hinweg die Verwaltungsmetropole der Landschaft Fehmarn. Der dänische König Christoph II. hatte 1320 ein Landrecht eingeführt, welches für die ganze Insel mit Ausnahme der unter Lübecker Recht stehenden Stadt Burg galt. Bei dieser Zweiteilung blieb es, auch als das Landrecht zu späteren Zeiten weiter modifiziert wurde. Landkirchen, zentral in der ungefähren Mitte der Insel gelegen, wurde zum Tagungsort für die Versammlungen der Landschaft Fehmarn erkoren. Erst nachdem die Insel im Jahre 1864 preußisch geworden war, wurde diese Zweiteilung in Stadt und Land 1867 im Zuge einer Verwaltungsreform aufgehoben. Landkirchen wurde, was es heute ist: Einkaufsplatz für die Bewohner der umliegenden Dörfer mit vielen auch von Touristen frequentierten Läden (Surfshop), einigen guten Restaurants und einer großen Sehenswürdigkeit - der St.-Petri-Kirche.

Die St.-Petri-Kirche

Wuchtig steht sie auf einem kleinen Hügel, die Kirche, die den Ort um sie herum so prägt, daß man gar nicht auf die Idee verfiel, ihn irgendwie anders als »Landkirchen« zu nennen. Schon in ältesten Fehmaraner Urkunden ist, wenn von diesem Dorf gesprochen wird, von »De landt Kercke« die Rede.

Äußerlich markant ist schon der hölzerne Glockenturm, der nicht - wie etwa bei der Johanniskirche in Bannesdorf - direkt an das Gotteshaus angelehnt ist, sondern einige Meter abseits für sich allein steht. Auf der Kirche selbst sitzt nur ein kleiner Dachreiter mit einem Glöckchen. Das exakte Jahr der Entstehung St. Petris ist wie bei der etwa gleichaltrigen Kirche St. Nikolai in Burg unbekannt, angenommen wird auch hier eine Zeit um das Jahr 1230. Der wesentlich jüngere Glockenturm ist leichter zu datieren, denn er trägt im Glockenstuhl die Jahreszahl 1638, ist also inmitten des Dreißigjährigen Krieges errichtet worden.

Über dem Haupteingang der Kirche ist Petrus, gleichermaßen Schutzpatron der Kirche und der Insel, dargestellt und eine Inschrift verweist auf die einstige Bedeutung des Ortes: »Sigillum - Terrae - Imbriae« (Siegel der Landschaft Fehmarn). Daß diese Kirche neben ihrer eigentlichen Funktion als Gotteshaus auch eine durchaus weltliche Rolle als Verwaltungsmittelpunkt spielte,

Abb. 39: Die St.-Petri-Kirche von Landkirchen

macht nicht nur der Siegelspruch deutlich. In der südwestlichen Ecke des St. Petri umgebenden Friedhofs stand einst das Gefängnis der Landschaft Fehmarn. Und nahe am kleinen Nebeneingang an der Südseite gab es einen Stein, auf dem Frauen nach wiederholter unehelicher Mutterschaft zu ihrer Schande mit einer Holzpuppe im Arm Platz nehmen mußten - dies sogar noch bis zur endgültigen Ablösung des Landrechts durch die Preußen in den sechziger Jahren des 19. Jahrhunderts.

Das Herzstück des ehemaligen Verwaltungsgebietes Landschaft Fehmarn steht jedoch in der Kirche selbst. Dort, an der Nordseite, ist der »Landesblock« zu sehen, ein aus dem Stamm einer einzigen Eiche geschnittener Tresor. Man nimmt an, daß dieser Baum am nördlichen Binnensee hinter Gammendorf gefällt wurde, wahrscheinlich zur selben Zeit, während der man St. Petri erbaute. Der Landesblock wurde zur Verwahrung wichtiger Urkunden und Siegel der Landschaft Fehmarn benutzt und von drei

Schlössern gesichert. Die Kämmerer des Oster-, Norder- und Westerkirchspiels, aus denen die Landschaft Fehmarn bestand, waren im Besitz je eines Schlüssels und konnten den Block daher nur gemeinschaftlich öffnen. Obwohl der Inhalt des Landesblocks längst dem Kieler Staatsarchiv übergeben worden ist, beeindruckt er noch immer durch seine rauhe, funktionelle Trutzigkeit. Es ist kein poliertes Ziermöbel, die jahrhundertelange Benutzung sieht man ihm an, doch eben dies veredelt ihn.

Rechts neben dem Landesblock steht eine Glasvitrine, die ein Votivschiff enthält. Fehmaraner Schiffer stifteten 1617 dieses detaillierte Modell einer Lübecker Kriegskogge mit drei rahgetakelten Masten und 32 Kanonen, die auf drei Geschützdecks verteilt sind. 1972/73 wurde die aus Lindenholz gearbeitete Kogge restauriert. Es ist eines der ältesten erhaltenen Schiffsmodelle in Deutschland und bietet mit einer Länge von 111,5 cm und einer Höhe von 115 cm einen imposanten Anblick. Ein weiteres Votivschiff hängt unweit der Kogge von der Decke herab. Es stammt allerdings »nur« von 1842.

Rings um den Innenraum der Kirche herum sind reich verzierte, geschlossene Logen zu sehen. Diese privilegierten Plätze für einige bestimmte Familien werden mittlerweile nicht mehr betreten, verleihen aber dem Kirchenschiff in ihrer Individualität ein originelles Gepräge. Eine fehmarnsche Besonderheit ist auch das dreistöckige Regal links vom Haupteingang, in dem etwa 60 alte Betschemel gestapelt sind. Die Inschriften auf der Oberseite der Schemel nennen den Namen der Eigentümerin oder des Eigentümers zugleich mit dem Hinweis, daß auch die Erben im Besitz des Kleinods nachfolgen sollen. Etliche der Schemel stammen aus dem 17. Jahrhundert. Neben den Jahreszahlen sieht man auf vielen Schemeln auch die jeweilige Hausmarke (s.o. Abschnitt »Albertsdorf«) der Besitzer.

St. Petri besitzt eine spätbarocke Kanzel und eine Barocktaufe aus dem Jahr 1735. Auch der Altar stammt aus dieser Epoche (1715). Ein noch älterer Altar von 1380 mußte leider von St. Petri in das Landesmuseum Schloß Gottorf bei Schleswig überführt werden, da er ständiger restauratorischer Betreuung bedarf. Ein ähnlich altes Kunstwerk ist aber noch an Ort und Stelle zu bewundern: Der Marienleuchter, eine doppelseitig ausgeführte Madonna mit Jesuskind im Strahlenkranz. Diese schöne Stück stammt aus dem Jahr 1390 und hängt im südlichen Seitengang.

An den Wänden künden prunkvolle Epitaphe von der Frömmigkeit ihrer Stifter, teilweise sind die Inschriften auf Plattdeutsch. In der Südostecke ist noch etwas, was man für gewöhnlich in keiner Kirche zu sehen bekommt: Eine Bibliothek aus dem 17. Jahrhundert mit deutschen, englischen, dänischen und holländischen Büchern. Leider sind die Bücher hinter dem Gitter ihres Schrankes kaum zu erkennen. Diese Bibliothek ist eine Stiftung des Kirchenpropstes Stresow aus Burg, der die Bücher seinerseits von seinem Großvater geerbt hatte. Stresow ist 1788 verstorben und selbst in Landkirchen beigesetzt worden. Sein Grab befindet sich vor dem Haupteingang der Kirche.
An diesen vielen Gaben und den persönlichen, familiären Ausschmückungen St. Petris ist deutlich zu erkennen, daß diese Kirche für Bewohner des Umlandes nicht bloß eine Stätte spiritueller Rituale war, sondern immer auch ein Ort der gemeinsamen Tradition und der gesellschaftlichen Verbundenheit. Und die Attribute, die dem Gemeindemitglied Geborgenheit vermitteln, lassen selbst den unbeteiligsten Touristen nicht unberührt.

Lemkenhafen

In der innersten Rundung der Orther Reede, zusätzlich geschützt durch zwei vorgelagerte Warder und die westlich gelegene kleine Halbinsel Spitzenorth, liegt Lemkenhafen. Der einst blühende Handelshafen wird heute nur noch von Sportbooten genutzt. Es gibt hier einen schmucken Yachthafen mit 143 Liegeplätzen, einem Slip und einem Altölbeseitigungsservice. Auch wer selbst nicht segelt, wird an der Mole und an dem Bootsbetrieb Gefallen finden. Direkt am Hafen liegt ein kleiner Platz, umgeben von Restaurants mit einladenden Terrassen und einem reichhaltigen Speiseangebot. An schönen Sommertagen hat dieser Platz südländisches Flair: Man sieht sich und wird gesehen, nimmt hier einen Kaffee und dort ein Frühstück, um irgendwann zum Mittagessen überzugehen... Wenn man dann irgendwann beim Programmpunkt »Kaffee und Kuchen« angelangt ist, sollte man wirklich nicht am Café-Restaurant »Seeblick« an der Stirnseite des Platzes direkt gegenüber der Mole vorbeigehen. Die selbstgebackenen Kuchen und Torten sind eine Sehenswürdigkeit für sich - auch wenn man sie nicht lange ansieht, sondern schleunigst »verinnerlicht«.
Lemkenhafen ist ein hübscher, aber kleiner Ort, dem man seine

Bedeutung in der Vergangenheit nicht mehr ansieht. Kaum noch vorstellbar, daß Lemkenhafen sogar einmal Stadtrecht besaß! Das war in der zweiten Hälfte des 15. Jahrhunderts, als Fehmarn an die Hansestadt Lübeck verpfändet wurde und man mit Hilfe der wirtschaftlichen Potenz der Hanse im Rücken daran ging, die 1420 von Erich dem Pommern angerichteten Zerstörungen wettzumachen. Lemkenhafen wurde wie die Stadt Burg von dem sonst geltenden Landrecht ausgenommen, zur Stadt mit Bürgermeister und Rat erklärt und unter Lübecker Recht gestellt. Aus dieser Zeit stammt auch das sympathische Stadtwappen. Wo andernorts Löwen drohen oder Adler grimmig dreinblicken, begnügt man sich hier mit einem nach rechts schreitenden Lämmchen und dem Holsteiner Nesselblatt. Der Bezug ist gegeben: Lemkenhafen ist niederdeutsch und bedeutet nichts anderes als »Lämmchenhafen«.
Etwa um 1510 war es zwar wieder vorbei mit dem städtischen Status, aber noch lange nicht mit dem Wirtschaftsboom. Bis ins 19. Jahrhundert pflegten Lemkenhafener Reeder rege internationale Handelsbeziehungen, vor allem mit skandinavischen Ländern, aber auch bis in den Mittelmeerraum hinein. Lemkenhafen war die Schnittstelle der Zusammenarbeit jener beiden Professionen, die auf Fehmarn die bedeutendsten Rollen spielten - Landwirtschaft und Seefahrt. Die Großbauern unterhielten hier eigene Kornspeicher, sogenannte »Dinns«, von denen noch im Jahre 1784 achtzehn Stück in Betrieb waren, heute allerdings keiner mehr erhalten ist.
Da der direkte Hafenbereich für die großen Seeschiffe zu flach war, mußten die Handelsgüter mittels kleiner Boote zwischen Land und Schiff transportiert werden. Diese Methode wurde zunehmend zum Problem. Je größer die Frachtschiffe im Laufe der Jahre dimensioniert wurden, desto unwirtschaftlicher und umständlicher war es, sie in Lemkenhafen zu beladen. So wurde der Ort als Handelshafen allmählich unbedeutend.
In jüngster Zeit brachte der Tourismus neues Leben nach Lemkenhafen. Und daß auch diese Art Betrieb seine Reize hat, sieht man spätestens nach einer genüßlich verbummelten Stunde auf jenem Platz am Hafen ein.

Das Lemkenhafener Mühlenmuseum

Das letzte Relikt einstiger Lemkenhafener Wirtschaftsblüte ist die am nordöstlichen Ortsrand gelegene alte Mühle. Es ist nicht nur

Abb. 40: Die Mühle von Lemkenhafen

die letzte betriebsfähige Mühle Fehmarns, sondern das letzte Exemplar einer Segelwindmühle in ganz Europa. Je nach Bedarf und Wetterlage wurden die sonst winddurchlässigen, weil nur aus einem Holzgitter bestehenden Flügel zur Gänze, Hälfte oder lediglich an den äußersten Ecken mit Segeltuch bespannt und in den Wind gedreht. Das Fingerspitzengefühl für die Veränderung der Wetterlage und die entsprechenden Konsequenzen für die Takelung war eine Fähigkeit, die der Betreiber einer Segelwindmühle ähnlich wie ein Segelschiffkapitän besitzen mußte. Wie den Schiffen wurde auch den Mühlen eine eigene Persönlichkeit nachgesagt, und so trugen die meisten von ihnen individuelle Namen. Die Lemkenhafener Mühle nannte man »Jachen Flünk« (niederdeutsch: Eilender Flügel), ein Name, der zweifellos jedem Apatschenhäuptling zur Ehre gereicht hätte.

Noch weit mehr als nur das Gespür für den Wind hatte der erste Besitzer der Segelwindmühle, der sie 1787 erbauen ließ. Joachim Rahlff war Müller, Schiffsreeder und Kornhändler in Personalunion. Eine lukrative Kombination, denn so lief der Handel mit Gerstengrütze und Weizengraupen während der Produktion, des Transports und des Verkaufs über ihn und aus jeder dieser Phasen ließ sich Profit ziehen. Fehmaraner Grütze und Graupen genossen vor allem in Skandinavien einen ausgezeichneten Ruf. Speziell die in der Lemkenhafener Mühle hergestellten Produkte müssen von besonderer Qualität gewesen sein, denn sie wurden noch etwas höher bezahlt als die der Konkurrenz.

Ein gutes Geschäft war mit der Mühle mehr als hundert Jahre lang zu machen. Doch als nach dem 1. Weltkrieg auf immer mehr Bauernhöfen eigene Schrotmühlen installiert wurden, begann auch auf Fehmarn das große Mühlensterben. Mehr schlecht als recht wurde in der Lemkenhafener Mühle der Betrieb noch bis 1954 weitergeführt, dann gaben die letzten Besitzer das Unternehmen auf. Es wurden bereits Verhandlungen über einen Abriß des Gebäudes geführt, als der »Verein zur Sammlung Fehmarnscher Altertümer e.V.« (ebenfalls Träger des Wiepert-Museums in Burg) sich um die Angelegenheit zu kümmern begann. Unter der Regie dieses Vereins wurde die Mühle unter Denkmalschutz gestellt, restauriert und 1961 als Museum dem Publikum zugänglich gemacht.

In den Räumlichkeiten neben und in der Mühle werden neben dem historischen Mühlenbetrieb auch Exponate aus dem heimatkundlichen Bereich gezeigt. Naturfreunde können sich bei dem Betrachten einer zwischen 1930 und 1950 zusammengestellten botanischen Sammlung einen Überblick über Fehmarns Flora verschaffen und manche Anregung holen, nach welcher Spezies während des nächsten Spaziergangs Ausschau gehalten werden soll. Und wer nach der Besichtigung noch einen Blick zurück auf die schindelbedeckte Gestalt mit den riesigen Armen wirft, wird die Annahme, daß dieses Geschöpf eine eigene Persönlichkeit hat, völlig selbstverständlich finden.

Leuchttürme auf Fehmarn

Die Gewässer rund um Fehmarn wurden schon immer von starkem Schiffsverkehr frequentiert. Vom 1984 außer Dienst gestellten Feuerschiff »Fehmarnbelt« aus wurden beispielsweise schon im Jahre 1963 ungefähr 80 000 Schiffe gezählt, die durch den Belt fuhren. Dabei sind die Passagen um die Insel herum nicht ganz gefahrlos. Im Belt gibt es das tückische Puttgarden-Riff, im Sund liegen (vor allem vor Staberhuk) mitunter riesige Felsbrokken, die längst nicht alle auf Seekarten verzeichnet sind und ein Schiff von einem Moment auf den anderen in ein Wrack verwandeln können. Um ein Unglück zu vermeiden, ist das Wissen um den eigenen Standort für die Schiffer eine wichtige Information. Um Orientierung auch des Nachts und bei Schlechtwetter zu ermöglichen, wurden an verschiedenen Orten Fehmarns Leuchttürme installiert. Leider ist keiner dieser Türme mehr von innen zu besichtigen, denn seit einigen Jahren funktionieren die Leuchtfeuer wärterlos und vollautomatisch, dirigiert von einer Schaltzentrale in Heiligenhafen. Wer also angesichts eines der idyllischen Türme von einem Aussteigerleben als Leuchtturmwärter auf Fehmarn träumt, kommt leider zu spät - ein Versäumnis, das ja bekanntlich vom Leben bestraft wird.

Flügger Leuchtturm

Ein Leuchtturm wie aus dem Bilderbuch, rot-weiß geringelt vor blauem Himmel... Der Turm von Flügge ist mit einer Länge von 40 m der höchste Leuchtturm auf der Insel. 1872 war er zunächst mit einem 16 m hohen Turm in Betrieb genommen worden, seit 1916 markiert der neue Bau die Südwestspitze von Fehmarn.

Marienleuchte

Der erste Leuchtturm der Insel wurde 1832 noch unter dänischer

Verwaltung im Nordosten errichtet, um die Navigation im Bereich des Puttgarden-Riffs zu erleichtern. Am Ohlenburger Huk, wo die nördliche Küstenlinie endgültig nach Süden abknickt, wurde auf dem Dach eines Gebäudes von 18 m Höhe eine Öllaterne aufgestellt. Die Einweihung erfolgte am 28.10.1832, dem Geburtstag der Königin Maria Sophia Friederike von Dänemark. Die neue technische Errungenschaft wurde daher ihr zu Ehren Marienleuchte genannt. 1967 wurde neben der alten Marienleuchte ein 33 m hoher neuer Turm eingesetzt. Zwar ist natürlich auch dieser Turm der Öffentlichkeit nicht zugänglich, aber die Fernsicht ist hier schon vom Strand aus bei klarem Wetter ganz beträchtlich. Der Blick reicht bis zum 19 km entfernten Lolland. Und wer gute Augen hat und gute Sicht, kann sogar den Kirchturm von Roedby erkennen.

Leuchtturm Staberhuk

Über der Steilküste von Staberhuk ragen die 23 Meter des jüngsten Inselleuchtturms in den Himmel. Zwar wurde der Junior »erst« 1903 gebaut, aber dafür renommiert er mit einer echten Antiquität: Das Laternengehäuse und die Optik sind »Second Hand«. Sie stammen aus dem alten Helgoländer Leuchtturm, der noch unter englischer Herrschaft seinen Dienst versehen hatte und 1902 in den Ruhestand versetzt worden war.

Leuchtturm Strukkamphuk

Klein, aber keineswegs unwichtig ist das Feuer von Strukkamphuk. Im Zusammenspiel mit dem Flügger Leuchtturm ist es als Unterfeuer für die Schiffe von Bedeutung, die von Osten her durch den Sund fahren. Als das Leuchtfeuer 1872 eingerichtet wurde, bestand es - ebenso einfach wie funktionell - bloß aus einer allabendlich an einem Mast hochgezogenen Laterne. Der heutige Stahlturm ist sicher robuster, wenn auch etwas weniger romantisch.

Leuchtturm Westermarkelsdorf

Seit 1882 sichert dieser kompakte, ca. 18 m hohe Turm die westliche Einfahrt in den Belt. Auch dieser Turm war ursprünglich niedriger und ist nachträglich aufgestockt worden.

Natürlich hat es schon vor der Einrichtung der Leuchttürme Bestrebungen gegeben, die Schiffahrt mit Leuchtsignalen von

Abb. 41: Der Leuchtturm von Staberhuk

Land aus zu leiten. Der Nutzen war allerdings für die Seefahrer manchmal recht zweifelhaft. So bezogen etwa die Westermarkelsdorfer im 17. Jahrhundert ein pauschales Entgelt von der Landschaft Fehmarn, um als Gegenleistung an ihrem Strand zwei Feuerbaken zu errichten und nächtens in Gang zu halten, damit die Schiffsführer einen Orientierungspunkt hatten. Da kam es schon vor, daß die Baken ein Stückchen versetzt wurden, denn dann gab es reichlich Strandgut, das dem gehörte, der es aufsammelte - und das waren eben die guten Westermarkelsdorfer, Hüter des Leuchtfeuers... Zu ihrer Ehrenrettung sei gesagt, daß diese Praxis auch andernorts und nicht nur auf Fehmarn üblich war. Und spätestens seit den Zeiten der Leuchttürme ist dieser steuerfreie Nebenerwerb unmöglich geworden.

Orth

Ähnlich wie Lemkenhafen hat auch das Nachbardorf Orth in früheren Zeiten wirtschaftlich eine wesentlich größere Rolle gespielt als heute, wo es vor allem als beliebtes Surfrevier und als Anlaufpunkt für Sportboote (130 Liegeplätze) Bedeutung hat. Auf alten Karten wird es auch »Sülsbyohrde« genannt. Auch hier gab es große Kornspeicher und einen Hafen, der sogar noch 1881 zu einer großen Anlage mit zwei Kais und einem 170 Meter langen Hafenbecken ausgebaut wurde. Dem Kaiser Wilhelm I., unter dessen Regentschaft dies geschah, wurde 1890 auf der westlichen Mole ein Denkmal gesetzt. Die für das Dorf viel zu große Dimension des Hafens, dessen steinerne Molen schon ein bißchen zugewachsen sind, verleiht Orth einen verwunschenen Charme, was durch einen von hier aus besonders gut zu beobachtenden schönen Sonnenuntergang noch gesteigert wird. Dies sind *die* Zeit und *der* Platz für romantische Spaziergänge.

Petersdorf

Der Hauptort Westfehmarns ist ein erstaunlicher Flecken. Hier steht die höchste Kirche der Insel, es gibt einen Bahnhof nebst Bahnhofshotel, man findet etliche Ladengeschäfte und diverse Restaurants, darunter mit der »Südermühle« - einer ehemaligen Windmühle - eines der gehobenen Kategorie. Aber auf der alten Inselbahnlinie von Burg über Landkirchen nach Petersdorf findet längst kein Personenverkehr mehr statt, anstelle eines Einkaufszentrums gibt es einen hübschen Dorfplatz mit idyllischem Teich

Abb. 42: Mittelstraße in Petersdorf

und ein Spötter könnte behaupten, würde der 64 m hohe Kirchturm umstürzen, ragte die Spitze über die Petersdorfer Ortsgrenze hinaus - egal, in welche Richtung er fiele. Doch so merkwürdig diese Gegensätze zu sein scheinen: Sie ergeben einen Ort von bemerkenswerter Harmonie. Um den Kirchplatz herum, wo sich Backsteinhäuschen in kopfsteingepflasterten Gassen aneinanderkuscheln, erinnert die Szenerie an das Zentrum einer gemütlichen Kleinstadt, so daß die Ausmaße von St. Johannis keineswegs deplaziert wirken. Und dort, wo sich schon nach wenigen Schritten der Ausblick auf die umliegenden Felder öffnet, paßt sich der erwähnte Dorfplatz mit dem malerischen Teich der ländlichen Umgebung perfekt an. So liegen in Petersdorf städtische und dörfliche Charaktermerkmale auf engstem Raum beieinander, vereint zu einem Ort, der schon wegen dieser Anlage eine Sehenswürdigkeit an sich ist.

Die St.-Johannis-Kirche

Ruhe und Frieden strahlt er aus, der Kirchplatz von St. Johannis. Der um die Kirche herum angelegte Friedhof ist begrenzt von einer Reihe alter Linden, ein schmaler Kopfsteinpflasterweg führt außen um den Platz herum. Der schlank aufragende Kirchturm (64 m) ist schon von weitem zu sehen. Wer ihn bereits bei der Anfahrt von Burg her spätestens gleich hinter Landkirchen im Blickfeld hat, kann praktisch nachvollziehen, warum er seit Jahrhunderten allen Schiffern als Orientierungspunkt gilt und daher sogar auf internationalen Seekarten verzeichnet ist. Bis über 20 Meilen hinweg ist die Petersdorfer Kirchturmspitze vom Meer aus sichtbar.

Auch St. Johannis stammt aus dem 13. Jahrhundert. Erstmals wurde die zunächst zweischiffig im frühgotischen Stil erbaute Kirche im Jahre 1250 urkundlich erwähnt. Schutzheiliger und Namensgeber war ursprünglich, wie bei dem Landkirchener Gotteshaus, Petrus. Erst später wurde die Namensänderung vorgenommen. Verändert wurde auch mehrfach das ganze Bauwerk an sich. So wurde gegen Ende des 15. Jahrhunderts St. Johannis durch den Anbau eines gleichbreiten Schiffes im Süden zu einer dreischiffigen Hallenkirche erweitert. Auch der Turm aus Granitsteinen (das wesentliche Baumaterial der Kirche ist Backstein) stammt aus dieser Epoche. Die heutige Turmspitze entstand allerdings erst im dritten »Anlauf«: 1559 brannte die erste Spitze ab und das Nachfolgemodell ereilte 1566 das gleiche Schicksal,

Abb. 43: Der Altar in der Kirche von Petersdorf

das sehr viel später auch den Kirchturm von St. Nikolai in Burg treffen sollte: Es wurde von einem Sturm kurzerhand umgeblasen. Der heutzutage in Petersdorf umherspazierende Tourist braucht aber nicht ständig ängstlich nach oben zu schielen - der Turm hält jetzt bereits seit 1567.

Auch der Innenraum von St. Johannis ist eine Besichtigung wert. Neben schönen Epitaphen und der gotländischen Marmortaufe aus dem 13. Jahrhundert ist vor allem der Schnitzaltar, ein wahres Kleinod mittelalterlicher Handwerkskunst, eine eingehende Betrachtung wert. Der dreiteilige Altar wurde gegen Ende des 14. Jahrhunderts von einem lübischen Meister erschaffen, der sichtlich von der Schule des Hamburger Meisters Bertram (Schöpfer des Hamburger Petrialtars) inspiriert wurde. Unter einem fein ausgeführten Baldachin sind Maria und die zwölf Apostel in ausdrucksvollen Figuren dargestellt (Höhe der Figuren: 60 - 63 cm). Die untere Reihe trägt einige Frauenbüsten. Der

Petersdorfer Altar gilt neben dem Bertram-Altar als der schönste Schnitzaltar seiner Epoche im Bereich der Hanse.

Ein besonderer Kunstgenuß wird vor allem in den Sommermonaten geboten, wenn in St. Johannis regelmäßig Orgelkonzerte stattfinden. Die Kirche hat nicht nur eine ausgezeichnete Akustik, sondern verfügt mit einer nachträglich auf 33 Register erweiterten Marcussen-Orgel auch über ein vorzügliches Instrument, was zur Freude der Zuhörer immer wieder renommierte Künstler veranlaßt, hier eine Darbietung zu geben.

Wo Köpfe rollten...

Die Landschaft Fehmarn hatte nicht nur eine eigene Verwaltung, sondern auch eine eigene Exekutive. Das jeweilige Strafmaß entsprach den zeitgemäßen, allgemein üblichen Gepflogenheiten, mit anderen Worten: Ein Mörder mußte mit der Todesstrafe rechnen. Der Ort, an dem die Verurteilten hingerichtet wurden, ist noch heute zu sehen. An dem Weg zwischen Petersdorf und Dänschendorf befindet sich der sogenannte »Köppelbarg«, ein Name, der sehr anschaulich den grausigen Zweck der Stätte bezeichnet. Es ist ein kleiner Hügel, dessen unterer Ansatz von einem Ring aus Feldsteinen eingefaßt wird. Nach einem festgeschriebenen Zeremoniell wurde der Delinquent auf den Hügel geleitet, wo bereits Holzblock, Beil und Scharfrichter auf ihn warteten. Als besonders bizarrer Bestandteil des Hinrichtungsaktes kann die Sitte gelten, nach welcher man den abgeschlagenen Kopf auf einen Pfahl steckte und mit dem Gesicht just in die Richtung des Ortes drehte, an dem das Verbrechen begangen worden war...

Am 27. Januar 1854 wurde hier zum letzten Mal eine Hinrichtung durchgeführt. Geköpft wurde der Arbeiter Claus Bohnensack, und zwar für einen Mord - begangen ausgerechnet an einem Landrichter.

Das Rapsblütenfest

Raps ist die leistungsfähigste Ölpflanze der gemäßigten Klimazone und im nördlichen Mitteleuropa sehr verbreitet. Im Bereich der Bundesrepublik jedoch wird nirgends soviel Raps angebaut wie in Ostholstein und eben auf der Insel Fehmarn.

Raps wird als winterharte Zwischenfrucht angebaut, die schon bald nach der Saatzeit (Mitte August bis Anfang September) eine tiefe Pfahlwurzel treibt und damit einer Bodenerosion vorbeugt. Neben diesem praktischen Nutzen bringt die Pflanze aber auch einen Ernteertrag: So ist Raps nicht nur Öl- und Tierfutterlieferant, sondern läßt sich auch als umweltschonender Bestandteil in Waschmitteln und Schmierölen verwenden und kann sogar als Treibstoff dienen. Von den ca. 14400 ha Ackerland auf Fehmarn werden etwa 4000 ha mit Raps bebaut.

Im Mai beginnt die Ölfrucht für die Dauer von ungefähr vier Wochen zu blühen. Riesige Flächen duftender, goldgelber Blüten kontrastieren dann mit den Blautönen des Himmels und des Meeres und machen aus der Insel ein Gesamtkunstwerk, das keinen Betrachter unberührt läßt. Dieses Naturereignis markiert das endgültige Ende des Winters und ist derart spektakulär, daß die Entscheidung, es mit einem großen Fest gebührend zu begehen, eigentlich fast zwangsläufig war. Seit 1985 wird es gefeiert, das große Rapsblütenfest, immer am letzten oder vorletzten Wochenende im Mai und dann gleich drei Tage lang - wenn schon, denn schon. Nun wächst der Raps zwar auf der ganzen Insel, aber gefeiert wird in Petersdorf. Auch das ist eigentlich fast zwangsläufig, denn eine so große Feier bedarf engagierter Initiatoren und einer ausgefeilten Organisation. Und die Petersdorfer haben eben - siehe die große Kirche und das städtische Ambiente - den Bogen raus, wenn es gilt, etwas auf die Beine zu stellen, was die Mittel eines »normalen« Dorfes übersteigt. In diesem Fall ist der hiesige Gewerbeverein der Motor des Unternehmens.

Das Rapsblütenfest lockt alljährlich Zehntausende von Besuchern nach Petersdorf. Der Auftakt erfolgt traditionell schon am Donnerstagabend im Bahnhofshotel mit der Aufführung eines Theaterstückes durch ein Westfehmaraner Ensemble. Die eigentliche Eröffnungsfeier findet am Freitagabend statt, wobei man ehrwürdige Zeremonien auf ein Minimum beschränkt und alsbald zum geselligen Teil - sprich Musik und Tanz - übergeht. Am Samstag und Sonntag gibt es rund um den schönen Dorfteich jede Menge Unterhaltung und Aktionen für Jung und Alt: Musikzüge, Chorkonzerte, Spiele, einen Rapsblüten-Wander- und -Radfahrtag und vieles mehr. Unbestrittener Höhepunkt des Festes ist jedoch die Inthronisation der Rapsblütenkönigin. Gewählt wird die neue Majestät, die eine Fehmaranerin und über 18 Jahre alt sein muß, allerdings schon vor Festbeginn, ganz unter Ausschluß der Öffentlichkeit in Anwesenheit eines Notars und von

Abb. 44: Impressionen vom Rapsblütenfest auf Fehmarn:
oben: Die Rapsblütenkönigin 1992, Ihre Majestät Dörte I. (Dörte Willer, Burg)
rechts: Raps in voller Blüte

einer zum Schweigen verdonnerten Jury. Die Spannung ist also groß, wenn am Samstag endlich das Ergebnis verkündet wird. Die zweit- und drittplazierten Damen werden der neuen Königin als Prinzessinnen zur Seite gestellt. Auf die Siegerin wartet die ehrenvolle Aufgabe, ein Jahr lang Fehmarn auf Messen und Besuchen bei Partnergemeinden zu repräsentieren. Die Inthronisation der neuen Königin geschieht natürlich nicht ohne dramatische Effekte. Da schwebt auch schon mal die noch amtierende Majestät per Fallschirm vom Himmel, um ihre Nachfolgerin zu beglückwünschen. Wer da glaubt, Volksfeste seien in aller Regel eine steife Angelegenheit oder Norddeutsche könnten nicht feiern, darf sich auf dem Petersdorfer Rapsblütenfest gern eines Besseren belehren lassen, wo man es, wie bereits gesagt, mit der Maxime hält: Wenn schon, denn schon...

Puttgarden

Der Name ist berühmt geworden, seit es die »Vogelfluglinie« gibt. Und weil man ihn so oft gehört und gelesen hat, knüpft sich daran leicht die Vorstellung, daß es sich dabei um eine ausgewachsene Hafenstadt handelt. Weit gefehlt. Puttgarden ist ein kleines Dorf, nicht anders als andere Dörfer auf Fehmarn. Es ist schon faszinierend, wie dieser Ort sein eigenes dörfliches Gesicht zu wahren imstande ist und dabei die unmittelbare Nachbarschaft des Jahrhundertbauwerks Fährbahnhof zu ignorieren scheint, obwohl dort täglich weitaus mehr Menschen durchgeschleust werden als Puttgarden überhaupt Einwohner hat.

Als Fährstation hat Puttgarden eine jahrhundertelange Tradition, denn auf der Passage zwischen Fehmarn und Lolland ist hier mit knapp 19 km Entfernung die kürzeste Verbindung von Insel zu Insel. Man ist in Puttgarden daher an Durchgangsverkehr gewöhnt. Schon zu katholischen Zeiten im Mittelalter war man eine wichtige Etappe für skandinavische Pilger auf dem Weg nach Rom. Damals gab es in der Nähe des Dorfes eine Peter und Paul geweihte Kapelle, in der die Pilger um ein Gelingen ihrer Fahrt baten. Leider ist von dieser frühen Stätte des Christentums auf Fehmarn nichts mehr erhalten. So bleibt dem Touristen das moderne Baudenkmal als Sehenswürdigkeit von Rang: Der Fährbahnhof. Das geschäftige Treiben läßt sich gut von der Fußgängerbrücke aus überblicken, die die Anlage überspannt. 24,7 km Gleis wurden im Bahnhofsbereich verlegt, 155 Weichen zerfasern die Schienenstränge. Die ganze Anlage einschließlich des Hafens bedeckt eine Fläche von 54 ha. Da es auf Fehmarn nur wenige Brunnen gibt, mußte für den Trinkwasserbedarf der Transitreisenden eigens eine 25 km lange Pipeline vom Festland auf die Insel herübergelegt werden. Immerhin befördert der Fährbetrieb jährlich ca. 7 Mio Passagiere, 1 Mio PKW, 180000 LKW und etliche Eisenbahnwaggons.

Die drei Hafenbecken werden durch zwei weit ins Meer hineingebaute Molen geschützt, von denen eine 630 m, die andere 820 m lang ist. Beide Molendämme dürfen betreten werden, so daß man einen Spaziergang zum Molenkopf unternehmen kann, wo die großen Fährschiffe scheinbar zum Greifen nah durch die hier nur 85 m breite Durchfahrt am Betrachter vorüberrauschen. Der Fährverkehr läuft rund um die Uhr fast regelmäßig im Halbstundentakt, die Fahrzeit nach Roedby Faerge beträgt bloß eine Stunde. Eine schnelle Gelegenheit, um mittels eines Tagestickets einen Abstecher nach Dänemark zu unternehmen. Ursprünglich war der Hafen weiter westlich des heutigen Standorts geplant. 1941 wurde dort sogar schon eine Mole gebaut, doch dann entdeckte man, daß sich hinter dem Puttgarden-Riff durch die im Belt dominierende West-Ost-Strömung stetig neue Sandbänke aufbauen und die Ausdehnung des Riffs allmählich ostwärts verlagern. Die Mole wurde zur Bauruine. Zwar ist sie nicht mit dem Land verbunden, aber heute noch zu sehen und mittlerweile ein beliebter Platz für Angler.

Der Fährbahnhof der »Vogelfluglinie« wird nicht das letzte Monumentalbauwerk sein, daß Puttgarden erleben und jedenfalls auch wieder mit dörflich-ruhiger Gelassenheit ignorieren wird. Eine ständige Verbindung zwischen Lolland und Fehmarn ist seit Jahrzehnten im Gespräch, auch wenn sich die Experten noch nicht ganz einig sind, ob dafür eine Brücke oder ein Tunnel das geeignete Mittel wäre. Wenigstens muß, solange diese Frage nicht entschieden ist, so ein Projekt noch nicht bezahlt werden - was ja auch so seine Vorteile hat.

Staberholz / Staberhuk

An der Steilküste im Südosten Fehmarns liegt der größte Wald der Insel, das Staberholz. So klein es auch ist, verbindet sich doch manche Anekdote mit dem Wäldchen. Früher wurde hier

Abb. 45: Der Fährbahnhof Puttgarden

von den Einwohnern des nahegelegenen Örtchens Staberdorf einmal im Jahr das »Kreihenbeer« (Krähenbier) gefeiert, eine populäre Maßnahme, um der übermäßigen Vermehrung der Krähen Herr zu werden. Die Knechte schwärmten im Staberholz aus und stießen die Krähennester von den Bäumen. Nester, die weder mit langen Stangen noch mit waghalsigen Klettereinlagen erreicht werden konnten, wurden von »Krähenschützen« eliminiert. Natürlich wurde aus der Aktion ein Wettbewerb gemacht, ähnlich wie bei einem Schützenfest. Und ebenso natürlich wurde dabei kräftig gefeiert.

Bis 1784 gehörte das Staberholz zum Besitz des jeweiligen dänischen Königs und wurde von einem Holzvogt verwaltet. Dann wurde es an das Gut Staberhof verkauft. Wer einen Spaziergang entlang der Steilküste macht und einmal bis an das Leuchtturmgrundstück herangehen möchte, kann den Pfad durch das historische Gehölz wählen.

Die Gewässer rund um Staberhuk sind für die Schiffahrt nicht unproblematisch. Nicht wenige Schiffe sind schon auf den zerstreut liegenden Felstrümmern vor dieser Küste gescheitert. Besonders tückisch sind die Steine, die bis knapp unter die Wasseroberfläche reichen. Einer der größten dieser Felsen vor Staberhuk ist der Drummelstein, der allerdings nur bei extremem Niedrigwasser sichtbar wird. Einer alten Fehmaraner Sage zufolge soll er einst mit der Insel verbunden und die Behausung eines mächtigen Riesen gewesen sein. Eines Tages brachten ihm seine Gefolgsleute von ihrem Beutezug ein junges Mädchen mit, das er in seine Höhle sperrte. Mit einem Becher grub die Gefangene ein Loch in die Außenwand ihres Verlieses. Kaum war der Durchbruch geschafft, strömte die Ostsee in die Höhle und sprengte den Fels von der Insel ab. Die Frau wurde an Land gespült, der Riese blieb auf dem Drummelstein. Beide leben natürlich heute noch, und wenn die Frau einmal am Ufer spazierengeht - vorzugsweise in düsteren Nächten - und der Riese sie zu Gesicht bekommt, beginnt er umgehend zu wüten. Dann bläst der Wind, es kocht das Meer - aber wenigstens weiß man jetzt, warum dies so ist.

Sulsdorf

Für Sulsdorf gilt der gleiche Kommentar wie für Kopendorf, dessen Nachbardorf es ist. Es gibt keine bestimmte touristische

Sehenswürdigkeit, aber wenn eine Ansiedlung so hübsch ist wie Sulsdorf, kann man auch getrost auf so etwas verzichten. Eine an dem schönen Dorfteich verweilte Viertelstunde ist eine sehr wirksame Methode, um vom Alltag abzuschalten.

Wasservogelreservat Wallnau

Eine überregional bedeutende Attraktion Fehmarns ist das Wasservogelreservat Wallnau, an der Westküste der Insel gelegen und über die Anfahrt von Bojendorf aus zu erreichen. Nicht nur forschende Wissenschaftler kommen hier auf ihre Kosten (ein regelmäßiger Besucher ist zum Beispiel der Tierfilmer Heinz Sielmann), auch Hobby-Ornithologen haben hier ihre Traumlandschaft gefunden. Und wer nicht so sehr bewandert ist in Sachen Vogelkunde, kann einfach einen schönen Tag in frischer Luft und interessanter Umgebung verbringen - möglicherweise mit einem Picknickkorb.

Vom Piratennest zum Schutzgebiet

Das Gebiet des heutigen Reservats hat eine bewegte Vergangenheit, galt es doch noch bis zum 16. Jahrhundert als Standort für die berüchtigten Fehmaraner Piraten. »Bewegt« ist diese Vergangenheit allerdings noch in ganz anderer Hinsicht. Denn im Verlauf der Jahrhunderte veränderten Wellen, Wind und Strömungen die Küstenlinie dieser Region so vollständig, daß die Piraten von damals ihren Unterschlupf heute nicht mehr wiederfinden würden. Wo um 1600 noch mit dem Kopendorfer See ein durch eine Landzunge geschütztes und durch eine schiffbare Öffnung mit dem Meer verbundenes Gewässer war, ist heute Festland und eine gerade, geschlossene Küste.

Wesentlich haben die verschiedenen Versuche zu dieser Veränderung beigetragen, aus dem Gebiet wirtschaftlichen Nutzen zu ziehen. Die Bilanz dieser Versuche zwischen den Jahren 1864 und 1975 liest sich allerdings wie ein Katastrophenkalender: Durch Deiche und Entwässerungsgräben neu gewonnenes Weideland wurde von einer Sturmflut überschwemmt. Eine auf 400 ha angelegte künstliche Teichlandschaft mit der seinerzeit größten Karpfen- und Schleienzucht Schleswig-Holsteins fiel dem gleichen Schicksal zum Opfer. Trotzdem wurde Wallnau noch nach dem 2. Weltkrieg bewirtschaftet, bis 1962 auch der letzte Gutsbesitzer aufgab. Sein Nachfolger ließ das Land brachliegen. In Wallnau wurde jetzt wild campiert, geangelt und spazierengegangen. Diese Art Betrieb bedeutete fast das Ende des Gebiets als Vogelparadies. Denn selbst in den Zeiten der Land- und Fischwirtschaft hatten die Zug- und Brutvögel hier einen idealen Lebensraum vorgefunden. Schilfumstandene Wasserflächen sorgten für Nahrung, Schutz und Ruhe. Damit war es vorbei, bis die dramatisch sinkende Zahl der Vogelpopulation die Mitglieder des Deutschen Vogelschutzbundes alarmierte. 1975 wurde Wallnau von dem BUND angekauft und in ein Reservat umgewandelt.

Ein Paradies nicht nur für Vögel

Wer sich Fehmarn mit dem Wagen oder mit der Bahn nähert, fährt auf der »Vogelfluglinie«. Dieser Begriff ist nicht etwa eine hohle Floskel erfindungsreicher Tourismusmanager. Zugvögel meiden auf ihren Reisen nach Möglichkeit das Überfliegen großer offener Wasserflächen. Fehmarn liegt auf der engsten Verbindung zwischen Südskandinavien und dem europäischen Festland und bildet eine Kreuzung diverser Zugwege. Hier bündeln sich Nord-Süd-Flugstrecken mit jenen, die von Westen nach Osten führen.

Dieser Umstand erklärt den Artenreichtum Wallnaus, denn die Flachwasserzonen des Schutzgebiets bieten den Vögeln die Möglichkeit, sich auf ihren langen Reisen auszuruhen. Immer wieder gibt es Besucher, deren Anwesenheit in unseren Breiten außerhalb eines Zoos Sensationswert hat. Die Exotenliste reicht vom Rosaflamingo über Seeadler und Kranich bis zum Ziegenmelker. Abgesehen von diesen »Stargästen« gibt es in Wallnau eine große Zahl Dauerbewohner. Etwa 80 Arten brüten hier und ziehen ihre Jungen im Reservat groß, darunter die Graugänse, die vom Naturschutzbund als die Charaktervögel Wallnaus bezeichnet werden.

Das Entree zum Schutzgebiet befindet sich in dem ehemaligen Gutsgebäude. Falls man nicht im Besitz eines eigenen Fernglases ist, kann man eines gegen eine geringe Gebühr an der Kasse ausleihen. Ohne Fernglas entgeht einem einiges, denn der weitaus größte Teil des Geländes ist zwar einzusehen, aber selbstverständlich nicht zu betreten. Im Eingangsgebäude befindet sich eine ständige naturkundliche Ausstellung mit Tonlichtschauen und Fotos zu verschiedenen Themen des Naturschutzes. Anhand eines Landschaftsmodells werden die unterschiedlichen

Abb. 46: Das Wasservogelreservat »Wallnau«

Lebensräume Wallnaus im Querschnitt demonstriert.

Nach Verlassen des Gebäudes kann das Gelände auf einem ca. 500 Meter langen Lehrpfad erkundet werden. Schnell wird dann klar, daß sich der Artenreichtum Wallnaus nicht nur auf die Vogelwelt beschränkt, sondern auch andere Lebewesen wie etwa Frösche oder Libellen umfaßt. Der Pfad ist von dem größten Teil des Schutzgebietes durch Sichtschutzwälle getrennt. Daß man die Vögel dennoch beobachten kann - und zwar ohne sie zu stören - liegt an der Einrichtung sogenannter »Hides«. Dies sind Holzhütten, die an drei Seiten geschlossene Wände aufweisen und durch Öffnungen in der vierten Wand die Vogelobservation ermöglichen. Vier solcher Hides gibt es in Wallnau. Da sie überdacht und mit Tischen und Bänken ausgestattet sind, kann man hier selbst bei schlechtem Wetter Stunden verbringen. Für den großen Überblick gibt es zusätzlich einen 12 m hohen Aussichtsturm mit einer ebenfalls wetterfesten Kabine.

Selbstverständlich stehen an den naturkundlich interessanten

Stellen im Verlauf des Lehrpfades Informationsschilder. Wer mehr wissen will, als hier geschrieben steht, kann an einer der je nach Saison mehrmals täglich stattfindenden Führungen teilnehmen. Überhaupt stehen die Mitarbeiter des Reservats zur Beantwortung von Fragen gern zur Verfügung. Prinzip Wallnaus ist es, Naturschutz nicht nur als bloße Sehenswürdigkeit zu demonstrieren, sondern auch diesbezüglich praktische Anleitungen für jeden zu vermitteln. Gartenbesitzer können sich hinsichtlich der naturgemäß sinnvollsten Gestaltung ihres Grundstücks beraten lassen. Für Kinder werden während der Sommerferien zweimal wöchentlich Spielvormittage organisiert. Zudem finden regelmäßig Dia- und Filmvorführungen statt, über deren wechselnde Themen und Termine man sich telefonisch oder direkt im Hauptgebäude informieren kann (siehe »Adressen & Infos«). Ebenfalls im Hauptgebäude ist ein Umweltladen untergebracht, dessen Angebot von einschlägiger Literatur bis zu Naturkosmetikprodukten reicht. Ein kleiner Cafébetrieb ist angeschlossen.

Wulfener Hals

Zwei Sandnehrungen teilen den Burger Binnensee vom Fehmarnsund ab. Burgtiefe, die östliche Nehrung, hat durch die dichte Bebauung mit Kuranlage, Appartementhäusern und Yachthafen mit einer Naturlandschaft nicht mehr viel gemein. Ganz anders präsentiert sich dagegen die westliche Landzunge. Die unbebaute Spitze des Wulfener Halses vermittelt mit einem grandiosen Naturstrand, dem Strandsee und den sanften Dünen einen ungefähren Eindruck von den Ostsee-Badefreuden vergangener Zeiten. Ganz ohne Betrieb ist der Wulfener Hals freilich auch nicht, denn an seinem Eingang befindet sich eine große Campinganlage.

Für ausgemachte »Strandratten« gibt es kaum einen schöneren Platz auf der Insel. Der breite Strand bietet Raum für Sport und Spiel, eine nahegelegene Steilküste die malerische Kulisse für Spaziergänge. Da der Wulfener Hals von einer ausgedehnten Flachwasserzone umgeben ist, können auch kleine Kinder ungefährdet planschen. Durch die geringe Wassertiefe ist das Meer hier stets etwas wärmer als an anderen Ufern der Insel.

Die besondere Qualität des Sandes vom Wulfener Hals unterstreicht die ehemalige Existenz der »Sandböter«, eines mittler-

Abb. 47: Der letzte Sandböter, Nikolaus Dau, bei der Arbeit

weile ausgestorbenen Berufes, der in seiner Originalität mit dem der Steinfischer von Burgstaaken vergleichbar ist. Die Sandböter luden den feinen Sand in ihre Boote und verkauften ihre Beute im Hafen (zumeist Burgstaaken) eimerweise an ihre Kunden, die ihn als Streu für Hühnerställe oder auch als Scheuermittel verwendeten.

Fehmarn aktiv

Auf der Insel findet man zahlreiche Möglichkeiten, sich sportlich zu betätigen. Daß so etwas hier besonders viel Spaß bereitet, liegt nicht zuletzt an dem zunehmend ausgeprägten Umweltbewußtsein der Fehmaraner. Ein modernes Klärwerk ist in Betrieb, bei der Nutzung von Windenergie spielt die Region bereits eine führende Rolle, in der Planung ist jetzt auch ein Strohheizkraftwerk. Der Effekt ist, daß nicht nur die Luft, sondern auch das Wasser rund um die Insel sauber ist. Seit 1988 wurde der Südstrand alljährlich mit der »Blauen Europa Flagge« ausgezeichnet, die von einer Gruppe unabhängiger Wissenschaftler verliehen wird. Bewertet werden dabei Strand- und Wasserqualität, letztere wird im Zeitraum zwischen Mai und September vierzehntägig analysiert. Untersucht wird immer nur ein bestimmter Strandabschnitt, in diesem Fall der Südstrand auf Burgtiefe, aber man kann davon ausgehen, daß die Wasserqualität an den anderen Küsten Fehmarns ähnlich gut ist.

Baden

Je nach persönlichen Vorlieben läßt sich für jeden der ideale Badestrand auf der Insel finden. Das »klassische« Badeleben findet am Südstrand (Burgtiefe) statt. Hier stehen die Strandkörbe in geordneten Reihen. Man zahlt Kurtaxe, hat aber dafür auch neben dem sauberen Sandstrand diverse Restaurants, Geschäfte und Spielmöglichkeiten wie Tennisplätze, Minigolf und ein Hallenbad (falls doch einmal ein allzu frischer Wind weht) in bequemer Reichweite. Der Badespaß wird durch eine Wasserrutsche und Piers erhöht. Kinder können gefahrlos in der überwachten ausgedehnten Flachwasserzone planschen.

Am Wulfener Hals, der westlichen Nehrung vor dem Burger Binnensee, ist die Strandlandschaft unverbaut. Verpflegung findet man in den Läden und Lokalen im Bereich des Campingplatzes. Auch hier gibt es ein weites Flachwassergebiet.

Gold, am Ostrand der Orther Reede gelegen, hat keinen Sandstrand. Man liegt auf einer Rasenfläche, die sich vom Deich hinunter bis fast direkt zum Wasser erstreckt. Parkmöglichkeiten für Kraftfahrzeuge sind nur in sehr begrenzter Zahl vorhanden.

Abb. 48: Strand bei Puttgarden

Dafür ist hier die Chance groß, einen ruhigen Badetag zu verleben.

Die Westküste zwischen Wallnau und Westermarkelsdorf bietet breiten Sandstrand, der zwar nicht so fein ist wie der auf Burgtiefe, sich aber dafür über eine Länge von mehreren Kilometern erstreckt - Platz genug also für Strandtennis oder Ballspiele. Es gibt nur die beiden Zufahrtsmöglichkeiten über Bojendorf oder Westermarkelsdorf und außer diesen beiden Orten kein Dorf weit und breit. Das Wasser hat bereits nach wenigen Metern Schwimmtiefe, wer gern eine längere Strecke durchschwimmen will, kann dies also in Strandnähe tun. Eine Bitte der Naturschützer ist dabei, den Badefreuden in gehörigem Abstand zum Wasservogelreservat Wallnau nachzugehen.

Ausgedehnter Sandstrand ist auch an der Beltküste vorhanden. Parkplätze stehen hinter Altenteil oder auf der Höhe des Niobedenkmals hinter Gammendorf zur Verfügung. Auch hier wird um die Einhaltung einer Ruhezone um das Naturschutzgebiet »Grüner Brink« herum gebeten. Östlich des »Grünen Brinks« befindet sich ein weiterer Küstenstreifen, an dem Strandkörbe aufgestellt sind. Hier sind ebenfalls Parkmöglichkeiten vorhanden.

An der Ostküste kann natürlich auch gebadet werden. Da sie jedoch ohne Sandstrand und sehr steinig ist, erfreut sie sich eher bei Spaziergängern und Stein- und Muschelsammlern großer Beliebtheit. Wer ohne viel »Konkurrenz« schwimmen oder mit Taucherbrille und Schnorchel die interessanten Felsgebilde unter der Wasseroberfläche anschauen möchte, hat hier sein Revier gefunden. Man kann diesen Beschäftigungen nachgehen, ohne Gefahr zu laufen, von einem achtlosen Surfer überfahren zu werden. Die nämlich meiden diese Region eben wegen jener Felstrümmer. Für die Anhänger des FKK-Badens sind zwei Strände auf der Insel reserviert. Sie befinden sich am Campingplatz Wallnau und an der äußersten Spitze des Wulfener Halses.

Surfen

Nicht wenige Leute besuchen die Insel vor allem deswegen, weil hier die Bedingungen für den beliebten Surfsport besser sind als in fast allen anderen Regionen der Bundesrepublik. Die lange Küstenlinie bietet viel Platz, so daß selbst zu Spitzenzeiten längst nicht so ein Gedränge herrscht wie auf manchen Binnenseen. Woher der Wind auch weht, gibt es auf der Insel immer die Gelegenheit, das Surfrevier so zu wählen, daß man nicht in Richtung des offenen Meeres geblasen wird. Und die Schwierigkeitsgrade dieser Reviere sind so unterschiedlich, daß sich rasante Spitzenkönner und unsichere Anfänger nicht andauernd in die Quere kommen. Auch anspruchsvolle Surfer werden hier eine angemessene Herausforderung finden. Schließlich trainiert selbst ein Star wie Andrea Hoeppner, zweimalige Surfweltmeisterin in der Serienbrettklasse, regelmäßig vor Fehmarn.

Natürlich ist man auf der Insel auf den Surfbetrieb eingerichtet. Vom Lehrgang bis zur Ausrüstung ist hier alles in großer Auswahl zu haben. Etliche Surf-Shops und -Schulen (siehe auch Adressen & Infos) bieten die jeweils neuesten Boards und Segel aller großen Hersteller an. Sie sind täglich im Zeitraum von Ostern bis Ende Oktober geöffnet. Vom Sinker bis zum Raceboard, vom 2,4 qm Kindersegel bis zum 9 qm Flautenkiller kann die Ausrüstung stunden-, tage- oder wochenweise ausgeliehen werden. Auch Surfanzüge, Surfschuhe und Trapeze sind zu haben. Eine gute Gelegenheit, um sich einen Überblick über das aktuelle Angebot zu verschaffen und Vergleiche anzustellen. Alljährlich wird das Material ausgetauscht. Egal, ob mit eigener oder geliehener Ausrüstung gesurft wird - folgende Reviere sind besonders hervorzuheben:

Burger Binnensee, Südstrand, Wulfener Hals

Durch die geschützte Lage des Binnensees kann auch bei stürmischem Wetter risikolos gesurft werden. Ein ideales Anfängerrevier. Der östliche Teil des Sees ist sehr flach und für Starkwindaufsteiger ungefähr bis zur Höhe des Yachthafens geeignet. Bitte vermeiden Sie die Annäherung an die am Ostrand gelegene kleine Insel (Kohlhoffinsel), um die Ruhe der dort brütenden Vögel zu schützen.

Auf der Sundseite vor dem Wulfener Hals und dem Südstrand gibt es augedehnte Flachwasserzonen, auf denen sich bei Ost- oder Südostwind kurze Wellen bilden. Bei Stärken zwischen sechs und sieben Beaufort und Wellen von eineinhalb Metern Höhe schlägt hier die Stunde der Funboard-Spezis. Um Zusammenstöße mit Badegästen zu vermeiden, wurde am Südstrand eigens eine Surfschneise eingerichtet. Die Sund-Surfer sollten allerdings bedenken, daß zwischen Fehmarn und dem Festland eine Strömung von bis zu fünf Knoten existiert.

Orther Reede

Auch diese große Bucht liegt gut geschützt und ist sehr flach (Wassertiefe maximal 1,50 m, abgesehen von den Fahrrinnen.). Sie bietet sehr gute Verhältnisse und viel Platz für Speedfahrer, Starkwindfans und Anfänger gleichermaßen. Wellen sind hier kaum zu registrieren. Gute Einstiegsmöglichkeiten bieten die Mole von Orth und der Strand von Gold. (In Gold ist auch eine Surf- und Segelschule beheimatet, siehe Adressen). Tabuzonen (Naturschutz) sind Krummsteert, Spitzenorth und das vor Lemkenhafen gelegene Warder.

Altenteil, Markelsdorfer Huk

Vor allem bei Nordwestwind ist bei Altenteil das Revier der

Könner. Dann nämlich baut sich eine lange Dünung auf, die von einer großen Sandbank 800 m vor dem Ufer gebrochen wird. Bis zu zwei Meter hohe Wellen sind das Resultat. Auch das nahegelegene Markelsdorfer Huk bietet besondere Verhältnisse, denn die Wellen werden hier seitlich abgelenkt und rollen den Strand frontal an. Da der Wind dann von der Seite bläst, sind schöne Sprünge möglich und es läßt sich auch gut wellenreiten. Das Markelsdorfer Huk mit dem Diamond Head auf Hawaii zu vergleichen ist natürlich etwas zu gewagt - aber im Prinzip ähneln sich die Bedingungen schon.

Puttgarden

Brandungswellen von bis zu einem Meter Höhe bietet das westlich vom Fährhafen gelegene Puttgarden-Riff, eine ausgedehnte Sandbank. 70 cm Wassertiefe erleichtern das Auf- und Absteigen. Auch im Belt muß man natürlich mit einer Strömung rechnen (überwiegend in West-Ost-Richtung). Ebenfalls sollte hier die Annäherung an das Naturschutzgebiet »Grüner Brink« vermieden werden.

Angeln

Wo viel Wasser ist, wird geangelt, das ist auch auf Fehmarn so. Wer den gültigen Fischereischein eines deutschen Bundeslandes vorweisen kann, dem sind bei diesem Vergnügen keine amtlichen Grenzen gesetzt. Allerdings gibt es einen schnellen Ausweg für den jagdfiebernden Gast ohne »Lizenz zum Fischen«: Eine Ausnahmegenehmigung für maximal 40 Tage ist im Ordnungsamt der Stadtverwaltung Burg gegen geringe Gebühr erhältlich (siehe »Adressen & Infos«). Eine völlig unbürokratische Alternative sind die Hochseeangelfahrten, die fast täglich ab Burgstaaken durchgeführt werden. Wer das einfach nur einmal ausprobieren möchte, kann sich an Bord eine Angel ausleihen.

Auf der Insel selbst bietet die lange Küstenlinie dem Angler ein weites Feld. Besonders empfehlenswert sind die Plätze:

Abb. 49: Surfer in Aktion

Wulfener Steilküste
Brandungsangler fangen hier Aale und Plattfische, hin und wieder auch Meerforellen. Empfohlen wird neben den Grundangeln auch eine Angel zur Spinnangelei sowie eine Gleitfloßangel mit Lebendköder. Wattwürmer können an Ort und Stelle gegraben werden.

Orther Reede
Ein geradezu klassisches Revier für Aalangler. Durch die geringe Wassertiefe erwärmt sich die Bucht im Frühjahr schneller als die anderen Küstenbereiche, die Aale laufen daher hier schon eher. Auch im Bereich der Orther Reede lassen sich gut Wattwürmer graben.

Leuchtturm Flügge
Der beste Schollenangelplatz auf Fehmarn, empfehlenswert vor allem bei Süd- oder Südwestwind. Westlich von Flügge trifft man schon in Ufernähe auf tiefes Wasser. Keinesfalls darf der Krummsteert betreten werden (Naturschutzgebiet).

Wallnau
Nach starken Niederschlägen - vor allem im Herbst - werden im Bereich der Schleuse bei Wallnau Scharen von Stichlingen und anderen Kleinfischen aus dem Süßwasser ins Meer gespült. Mittels Gleitfloßangel und Lebendköder lassen sich hier gute Dorschfänge machen. Überhaupt ist die Gegend nördlich der Schleuse kein schlechtes Revier für Plattfische und Aale. Das Gebiet südlich der Schleuse gehört zum Schutzbereich des Wasservogelreservats Wallnau, das Angeln ist hier selbstverständlich nicht gestattet.

Markelsdorfer Huk
An der Westseite des Huks ist für den Brandungsfischer das Tiefwasser durch kürzere Würfe zu erreichen als an der Nordseite, wo erst der Küste vorgelagerte Sandbänke zu überwerfen sind. Man angelt hier Dorsch und Plattfische, es werden Bleigewichte von 50 - 100 g in flacher Form empfohlen.

Puttgarden / Alte Mole
Westlich des Fährhafens steht die Bauruine des ursprünglich an dieser Stelle geplanten Hafens. Bevor man von den Resten der alten Mole aus die Jagd auf die hier sehr ergiebigen Plattfischbestände eröffnet, muß allerdings oberschenkeltief durch die Ost-

see gewatet werden, denn die Mole hat keine Landverbindung. Auch die Kletterpartie über die glitschigen Steine bis zur Molenspitze ist nicht ohne sportlichen Reiz.

Puttgarden / Fährhafenmole

Äußerst bequem zu erreichen sind dagegen die beiden neuen Molendämme. Dorschfänge sind ganzjährig möglich, Plattfische haben hier vor allem im April und Mai Saison, vor allem an der Westmole. Zwischen Juni und September ziehen entlang der Dämme Jungherings- und Spierlingsschwärme, gefundenes Fressen für Hornhechte und Makrelen, die wiederum vor allem während der Morgen- und Abendstunden willkommene Anglerbeute sind. Bevorzugtes Revier dieser Raubfische ist die Ostmole. Gefischt werden sie mit dem Blinker oder einer Gleitflo ßangel mit Heringsstückchenköder. Es darf nur an der Außenseite der Molendämme geangelt werden. 1968 wurde die Angelei im Hafenbecken untersagt, nachdem sich Angelschnüre in den Schrauben der Schiffe verfangen hatten. Was soll man auch mit so einem ausgestopften Fährschiff an der Wohnzimmerwand...

Radeln

Fehmarns Landschaft ist zum Radfahren sehr geeignet. Fahrräder können an diversen Orten gemietet werden (siehe »Adressen & Infos«). Radwege existieren auf folgenden Strecken:

Burg - Puttgarden

Burg - Südstrand (Burgtiefe)

Burg - Landkirchen - Petersdorf

Burg - Gammendorf.

Eine offizielle Radtourenkarte im Maßstab 1:50000 ist bei der Kurverwaltung erhältlich. Die Notwendigkeit des Abfahrens ausgefeilter Tourenvorschläge ist allerdings fragwürdig, denn Fehmarn ist auch per Rad eine übersichtliche Insel und ein nicht unwesentlicher Reiz solcher Ausflüge liegt in den spontanen Entdeckungen entlang der Strecke. Die kleinen, schmalen Straßen sind gut befahrbar, Alleen spenden Schatten, zermürbende Steigungen sind nicht vorhanden. Lästig werden kann nur der Wind, der bekanntlich, wenn er denn weht, stets von vorn zu kommen pflegt. Aber zu ein wenig sportlicher Leistung zeigt man sich im Urlaub ja gern bereit.

Wandern

Wer im Urlaub ist, sollte Zeit haben. Und wer genug Zeit hat, geht auch mal zu Fuß, zumal auf einer so hübschen Insel wie dieser. Ein kürzerer Spaziergang oder eine längere Wanderung kann überall auf Fehmarn unternommen werden, man ist schließlich immer schnell inmitten freier Natur, ohne sich erst einen Weg durch Trabantenstädte oder Industrieviertel bahnen zu müssen. Auch die 78 km Küstenlinie bieten eine malerische Wanderkulisse. Man muß sie ja nicht an einem Stück abmarschieren - obwohl genau das ab und zu von ganz Hartgesottenen gemacht wird, die dafür so zwischen 13 und 15 Stunden benötigen...

Die Wanderungen brauchen nicht zwangsläufig nur stets direkt um den eigenen Urlaubsort herum unternommen werden. Diverse Busverbindungen (siehe »Adressen & Infos«) zwischen den Ortschaften Fehmarns ermöglichen nach kräftezehrenden Streckenwanderungen den bequemen Rücktransport.

Für die Planung und Durchführung einer Wanderung ist der Besitz einer guten Landkarte ratsam. Sehr zu empfehlen sind:

Insel Fehmarn 1:30000, Topographische Karte, herausgegeben vom Landesvermessungsamt Schleswig-Holstein (siehe Ausschnitt Vorsatz hinten),

oder:

Insel Fehmarn, 1:40000, Freizeitkarte, LN - Verlag.

Beide Karten enthalten detaillierte Wandertourenvorschläge und sind im Buchhandel erhältlich.

Adressen und Infos von A-Z

Aal-Aufzuchtstation

Jochen Hübener, Osterstraße 49, 23769 Burg, Tel. 04371/6757. Öffnungszeiten: Di, Do und Sa Führung um 11.00 Uhr

Angeln

Angelgenehmigungen (befristet auf 40 Tage) für Interessenten ohne gültigen Fischereischein erteilt man im Rathaus Burg (Zimmer 5), Am Markt 1, 23769 Burg, Tel. 04371/5060.

Hochseeangeltouren beginnen in der Regel ab Burgstaaken um 7.30 Uhr und dauern acht Stunden, Informationen bei Lüdtke, Tel. 04371/1263 oder 2149.

Die einschlägige Ausrüstung und viel Anglerlatein gibt es bei »Udo's Anglertreff«, Sahrensdorfer Str. 1, 23769 Burg, Tel. 04371/1825.

Apotheken

Burg:

Apotheke am Markt, Am Markt 8, 23769 Burg, Tel. 04371/1415

Neue Apotheke, Breite Straße 21, 23769 Burg, Tel. 04371/4004

See-Apotheke, Bahnhofstraße 8, 23769 Burg, Tel. 04371/3801

Petersdorf:

Fehmarn-West-Apotheke, Mittelstraße 4, 23769 Petersdorf, Tel. 04372/296 u. 488

Babysitter

vermittelt die Kurverwaltung, Tel. 04371/5005-0;

Fehmarn-Ferien-Dienst, Instenkoppel 12a, 23769 Petersdorf, Tel. 04372/8090

Badeärzte

Burg a.F.:

Dr. Karola Balzer-Joyce, Bahnhofstraße 43, 23769 Burg, Tel. 04371/9840

Friedel Detlef, Priesterstraße 5, 23769 Burg, Tel. 04371/3141

Dr. Eberhard Gerber, Bahnhofstr. 43, 23769 Burg, Tel. 04371/3266

Dr. Wolfgang Hohner, Am Markt 31, 23769 Burg, Tel. 04371/1556

Dr. Urban Kaps/Dr. Jürgen Kaps, Klaus-Groth-Str. 4, 23769 Burg, Tel. 04371 /3026

Dr. Dietrich Reinhardt, Breite Straße 26, 23769 Burg, Tel. 04371 /3175

Bootsverleih

Tret- und Paddelbootverleih am Südstrand, Otto Neumann, Breslauer Straße 20, 23769 Burg, Tel. 04371/2726

Bowling

IFA-Feriencentrum am Südstrand, Südstrandpromenade, 23769 Burgtiefe, Tel. 04371/501101

Bücher

Burg:

Buchhandlung Niederlechner, Am Markt 7, 23769 Burg a.F., Tel. 04371/3100

Stadtbücherei (Bücherhalle), Bahnhofstr. 47, 23769 Burg a.F., Tel. 04371/50 644. Eine reiche Auswahl ansonsten teilweise bereits vergriffener Fehmarn-Literatur ist hier erhältlich, so z.B. die sehr informativen Bücher und Schriften des Heimatforschers Peter Wiepert. Öffnungszeiten (ganzjährig): 9.30 - 12.00 Uhr u. 14.30 - 18.30 Uhr, Mittwoch am Nachmittag sowie am Sa. und So. geschlossen.

Petersdorf:

Buchhandlung Ursula Hahn Nachf., Hauptstr. 14, 23769 Petersdorf, Tel. 04372/ 439

Wallnau:

Umweltladen Wallnau, Wasservogelreservat, 23769 Wallnau, Tel. 04372/1002

Bundesbahn

Bahnhof Puttgarden: Auskunft 04371/26374, Öffnungszeiten Fahrkahrtenschalter tägl. 6.00 - 22.00 Uhr, Gepäckabfertigung (Tel. 04371/ 26373) tägl. 8.00 - 18.00 Uhr.

Fahrkarten sind außerdem erhältlich:

Burger Reisebüro, Bahnhofstraße 25, 23769 Burg, Tel. 04371/9170,

Fehmarn-Touristik, Am Markt 8, 23769 Burg, Tel. 04371/2036 u. 9288

Busverbindungen

Auf Fehmarn verkehren öffentliche Busse auf den fünf verschiedenen Linien:

Linie 1705 kommt vom Festland (Oldenburg, Heiligenhafen) und führt über Burg nach Puttgarden und retour,

Linie 1710 ist die Strecke Burg - Landkirchen - Petersdorf - Orth,

Linie 1712 verbindet Orth bzw. Puttgarden mit Burg und Burgtiefe,

Linie 1713 ist ein Rundkurs Burg - Katharinenhof - Stabersdorf - Burg, ebenso die

Linie 1714 von Burg nach Fehmarnsund und zurück.

Die Haupt-Busstation in Burg befindet sich an der Ecke Bahnhofstraße/Marktplatz.

Einen genauen Fahrplan erhält man bei der Insel-Information oder bei der Busgesellschaft Autokraft, 23769 Burg a.F., Industriestr.4, Tel. 04371/5222.

Camping

Auf Fehmarn gibt es 16 Campingplätze. Sie liegen alle direkt am Meer oder nur wenig davon entfernt. Wer sich vorab einen Überblick über das Angebot verschaffen möchte, kann unter folgender Adresse einen Gemeinschaftsprospekt aller Plätze anfordern:

Campingparadies Ostseeinsel Fehmarn e.V., Postfach 1201 - 901, 23769 Burg a.F., Tel. 04371/4250

Im Südosten auf der Höhe von Meeschendorf:

Europa-Camping, Tel. 04371/2419

Ostsee, Tel. 04371/9032

Südstrand, 04371/2189

Im Süden zwischen Wulfener Hals und Orther Reede:

Camping Wulfener Hals, Tel. 04371/5653, Fax 04371/3723

Miramar-Fehmarnsund, Tel. 04371/3220

Strukkamphuk, Tel. 04371/2194

An der Westküste:

Flügger Strand, Tel. 04372/714

Flügger Teich, Tel. 04372/349

Strandcamping Wallnau, Tel. 04372/456

An der Nordküste:

Camping Fehmarnbelt (Markelsdorfer Huk), Tel. 04372/445

Am Belt (hinter Altenteil), Tel. 04372/391

Am Deich (hinter Wenkendorf), Tel. 04372 /585

Am Niobe (hinter Gammendorf), Tel. 04371 /3286

Puttgarden, Tel. 04371/3492

An der Ostküste:

Klausdorfer Strand, Tel. 04371/2549

Waldpavillon (bei Katarinenhof), Tel. 04371/2124

Campingausrüster

Reinhard Czellnik, Mühlenberg 7, 23769 Landkirchen, 04371/2911

Dänemark-Fähren

Die Autofähren zwischen Puttgarden und Roedby verkehren rund um die Uhr etwa im Halbstundentakt, die Überfahrtzeit beträgt 1 Stunde. Passagiere müssen einen gültigen Personalausweis oder Reisepaß vorweisen können. Vor allem während der Sommerferien empfiehlt sich eine Voranmeldung. Auskünfte erteilt das

Service-Center Puttgarden, Fährbahnhof, 23769 Puttgarden, Tel. 04371/2168 bzw. 9597 oder 26353, Fax 04371/26360, Telex 2-9806.

Auf den Schiffen stehen behindertengerechte Einrichtungen zur Verfügung. Behinderte Reisende werden gebeten, ihre Passage am jeweiligen Abfahrtshafen anzumelden. Die Rufnummern sind 04371/26384 (Puttgarden) und 0045/54605166 (Roedby).

FRS Seetouristik, Burgstaaken, Tel. 04371/3031. Mehrmals täglich verkehrt die Fähre (keine Autofähre) der »FRS Seetouristik« zwischen Burgstaaken und Roedby. Die Fahrt dauert hin und zurück etwa dreieinhalb Stunden. Auch hier muß der Ausweis dabei sein.

Fahrradverleih

Avendorf:

Müller, Dorfstraße 6, 23769 Avendorf, Tel. 04371/3381

Burg:

Conny's Zweiradladen, Breite Straße 46, 23769 Burg, Tel. 04371/1303

(Filiale im Haus »Kopenhagen« im IFA-Ferienzentrum an der Südstrandpromenade, 23769 Burgtiefe, Tel. 04371/3307).

Marquardt, Süderstr. 24, 23769 Burg, Tel. 04371/3326

Posoreck, Süderstr. 7, 23769 Burg, Tel. 04371/1079

Dänschendorf:

Becker, Middeltor 1, 23769 Dänschendorf, Tel. 04372/331

Kopendorf:

Widder, Am Dorfteich 22, 23769 Kopendorf, Tel. 04372/1300

Landkirchen:

Hinz, Meisterstr. 17, 23769 Landkirchen, Tel. 04371/3334

Wieske, An der Maikoppel 5, 23769 Landkirchen, Tel. 04371/9624

Petersdorf:

Machmüller, Mittelstr. 1, 23769 Petersdorf, Tel. 04372/266

Fahrradverleih Westensee, Mittelstr. 6 (»Lange's Gasthof«), 23769 Petersdorf, Tel. 04372/1333

Puttgarden:

Runge, Op de Wei, 23769 Puttgarden, Tel. 04371/1410

Wenkendorf:

Marquardt, Haus Nr. 11, 23769 Wenkendorf, Tel. 04372/205

Westermarkelsdorf:

Rahlf, Haus Nr. 2, 23769 Westermarkelsdorf, Tel. 04372/381

Wulfen:

Campingplatz Wulfener Hals, 23769 Wulfen, Tel. 04371/5653

In vielen Pensionen werden Fahrräder an die Gäste verliehen.

FKK-Strand

Nähe Campingplatz Wallnau und Wulfener Hals

Fundbüro

Rathaus Burg, Zimmer 5, Am Markt 1, 23769 Burg, Tel. 04371/506-36

Golf

Der Golfplatz Fehmarn, am Campingplatz Wulfener Hals gelegen, ist eine 9-Loch-Anlage (Schwierigkeitsgrad 71). Gastspieler sind willkommen, eine Übungswiese ist vorhanden. Selbstverständlich können auch Kurse belegt werden. Während der Saison finden regelmäßig Turniere statt.

Golfclub Fehmarn, Sekretariat, Tel. 04371/6969, Fax 04371/6330.

Häfen

Burgstaaken:

Fischerei- u. Handelshafen, Hafenmeister Tel. 04371/2377. Liegeplätze für Sportboote bei der Ringwerft, Tel. 04371/3338.

Burgtiefe:

Yachthafen, 600 Liegeplätze, Krananlage, Bunkerstation, Yachtbedarf. Bürodienst des Hafenmeisters: Mo. bis Fr. 14.00 - 15.00 Uhr, Sa., So. und an Feiertagen 15.00 - 16.00 Uhr, Tel. 04371/5005-60, Fax 04371/5462.

Fehmarnsund:

Yachthafen, Hafenmeister Tel. 04371/6713

Lemkenhafen:

Yachthafen, Segelverein, 143 Liegeplätze, Slipanlage, Altölbeseitigung. Hafenmeister Tel. 04372/1250.

Orth:

Gemeinde- u. Yachthafen, 130 Liegeplätze, Slipanlage, Altölbeseitigung. Hafenmeister Tel. 04372/1282.

Hallenbad

Meerwasser-Wellenhallenbad an der Südstrandpromenade/Burgtiefe, stets mit gefälligen 28 °C. Wassertemperatur. Sonnenbänke im Untergeschoß, Wellenbad-Café im Obergeschoß. Aktiv-Angebote wie Schwimmunterricht, Wassergymnastik, Spiele. Informationen an der Kasse oder in der Kurverwaltung, Tel. 04371/5005-40.

Öffnungszeiten während der Saison: Mo. 10.00 - 19.00 Uhr, Di. bis So. 9.00 - 19.00 Uhr

Hotels

Ein komplettes Unterkunftsverzeichnis mit allen Hotels, Pensionen und Privatunterkünften mit genauer Aufschlüsselung von Preisen und Ausstattung ist auf Anforderung bei der **Insel-Information** erhältlich (Adresse siehe dort).

23769Avendorf:

Hotel »Zum Grünen Jäger«, Restaurant, alle Zimmer mit Dusche/WC, überwiegend mit Terrasse, TV-Anschluß u. Telefon, einige Zimmer für Rollstuhlfahrer geeignet. Dorfstr. 12, Tel. 04371/9677, Fax 04371/1860

23769 Burg:

Hotel Wisser, seit 1822, Café u. Restaurant, alle Zimmer mit Dusche/WC, Farb-TV-Anschluß, Telefon, Tennishalle. Am Markt 21, Tel. 04371/3111

Hotel Burgklause, Restaurant, alle Zimmer mit Dusche bzw. Bad/WC, Telefon, einige mit Balkon. Blieschendorfer Weg 1-5, Tel. 04371/6782, Fax 04371/1735

Kurhotel Hasselbarth, Diätküche, alle Zimmer mit Bad/WC, Balkon, Radio, TV, Telefon, Zimmerbar. Eigene Kurmittelabteilung. Sahrensdorfer Str. 39, Tel. 04371/2440 oder 2322

Hotel Fehmarn, Hotel Garni, Osterstr. 35, Tel. 04371/3333

23769 Burgstaaken:

Hotel Schützenhof, Restaurant (Fischspezialitäten), Menzelweg 2, Tel. 04371/9602

23769 Burgtiefe:

Hotel Voss-Haus, Café u. Restaurant, alle Zimmer

mit Dusche bzw. Bad/WC, Ferienwohnungen. Südstrandpromenade, Tel. 04371/6706, Fax 04371/9782

IFA Ferien-Centrum Südstrand, diverse Cafés u. Restaurants, Appartements und Zimmer ausschließlich mit Seeblick u. **allem** Komfort, alle Kureinrichtungen. Südstrandpromenade, Postfach 1250, Tel. 04371/501101, Fax 04371/501200, Telex 29825 ifabgd

BETZ-Hotel Intersol, alle Zimmer mit Dusche bzw. Bad/WC, Telefon, Farb-TV und direktem Seeblick. Rollstuhlgerechte Zimmer. Es werden auch Appartements angeboten. Solarium ist im Haus. Südstrandpromenade, Tel. 04371/3091 oder 4091, Fax 04371 /3765.

23769 Neue Tiefe:

Strandhotel, alle Zimmer mit Bad bzw. Dusche/WC, Farb-TV, Raum für Surfbretter. Am Binnensee 2, Tel. 04371/3142 oder 5550

23769 Petersdorf:

Altes Petersdorfer Bahnhofshotel, Café u. Restaurant (Fisch- u. Fleischspezialitäten), Bahnhofstr. 1, Tel. 04372/400

23769 Puttgarden:

Hotel Dania, div. Restaurants, über 200 Betten, direkt am Fährbahnhof gelegen, auch für größere Reisegruppen geeignet. Tel. 04371/3016 oder 3017, Fax 04371/9934, Telex 29814.

Insel-Information

und zentrale Zimmervermittlung im Senator-Thomsen-Haus. Welches touristische Problem auch immer ansteht, hier wird weitergeholfen. Hier liegen auch stets aktuelle Veranstaltungshinweise aus. Ein Besuch lohnt sich auf jeden Fall, denn im gleichen Haus finden ständig Kunstausstellungen statt.

Breite Straße 28, 23769 Burg a.F., Tel. 04371/3054 oder 3055, Fax 04371 /50681. Öffnungszeiten: Ganzjährig geöffnet, während der Saison Mo. bis Fr. 9.00 - 19.00 Uhr, Sa. 9.00 - 18.00 Uhr, So. 10.00 - 14.00 Uhr

Jugendherberge

Die einzige Jugendherberge auf Fehmarn befindet sich in Burg. Sie verfügt über 156 Betten und ist vom 24.12. - 31.1. geschlossen. Mathildenstr. 34, 23769 Burg a.F., Tel. 04371/2150

Kegeln

Bannesdorf:

Gasthof Bannesdorf, Kirchenstieg 12, 23769 Bannesdorf, Tel. 04371/3848

Burgtiefe:

IFA-Feriencentrum Südstrand, Südstrandpromendade, 23769 Burgtiefe, Tel. 04371/50 11 01

Kino:

Burg-Filmtheater, Breite Straße 13, 23769 Burg, Tel. 04371/6728, Programmansage 04371/9555

Kirchen

Die großen Kirchen auf Fehmarn sind evangelisch-lutherisch. In der kleinen Franziskus-Xaverius-Kirche in Burg (Blieschendorfer Weg, Tel. 04371/2897) werden jedoch katholische Messen durchgeführt.

Informationen über Gottesdiensttermine, Besichtigungen und Veranstaltungen (Orgelkonzerte):

Bannesdorf

St.-Johannis-Kirche, Tel. 04371/3341

Burg a.F.

St.-Nikolai-Kirche, Tel. 04371/2250. Im Juli und August werden an einigen wenigen Terminen geführte Turmbesteigungen angeboten, eine spannende Sache, die von dem spektakulären Aussichtserlebnis gekrönt wird.

Landkirchen

St.-Petri-Kirche, Tel. 04371/6894

Petersdorf

St.-Johannis-Kirche, Tel. 04372/209

Krankenhaus

Fehmarnsches Krankenhaus, Bürgermeister-Lafrenz-Str.4, 23769 Burg a.F., Tel. 04371/5040

Krankenpflege

Mobile Krankenpflege e.V., Strandallee 1a, 23769 Burg, Tel. 04371/9898

Krankengymnastik

Burg:

Christensen, Sabine, Breite Str. 43, 23769 Burg, Tel. 04371/3996

Glaeßer, Barbara, Mathildenstr. 29, 23769 Burg, Tel. 04371/1861 u. 9222

Mellien, Silke, Kaestnerstr. 4, 23769 Burg, Tel. 04371/9397

Pohlmann, Peter C., Breite Str. 36, 23769 Burg, Tel. 04371/5544

Burgtiefe:

Kurmittelhaus am Südstrand, Südstrandpromenade, 23769 Burgtiefe, Tel.. 04371/5005-31 u. 5005-33

Krankentransport

Krankenwagen Tel. 04371/192 22

Kurverwaltung

Südstrandpromenade, 23769 Burgtiefe a.F., Tel. 04371/5005-0, Fax 04371/500-90. Ganzjährig geöffnet, Öffnungszeiten während der Saison: Mo. bis Fr. 8.00 - 17.00 Uhr, Sa. 8.00 - 14.00 Uhr, So. 10.00 - 14.00 Uhr

Kutschfahrten

Petersdorf:

F.F.D., Instenkoppel 12a, 23769 Petersdorf, Tel. 04372/8090

Sahrensdorf:

Hof Claußen, 23769 Sahrensdorf, Tel. 04371/3139

Minigolf

Burgtiefe:

im Wäldchen am Südstrand, neben dem Parkplatz vor dem Voss-Haus, Tel. 04371/1303. Saison: täglich 10.00 bis 22.00 Uhr

Wallnau:

Campingplatz Wallnau, Tel. 04371/456

Mitfahrzentrale

Böhrk, Christel, Staakensweg 74, 23769 Burg, Tel. 04371/9435

Museen

Peter-Wiepert-Museum, Heimatmuseum. Breite Straße, 23769 Burg a.F., direkt neben St. Nikolai.Geöffnet Ostern sowie von 1. Juni bis 31. Oktober Mo bis Sa von 10.00 - 12.00 Uhr und 14.00 - 17.00 Uhr

Mühlen- und Landwirtschaftsmuseum 23769 Lemkenhafen, Tel. 04372/610. Geöffnet Ostern und 1.6. bis 31.10 täglich außer Mi 14.00 - 18.00

Museum Katharinenhof, heimatkundliche Sammlung, historische Backstube und Rauchkate. 23769 Katharinenhof, Tel 04371/1230. Geöffnet Ostern und Ende April bis Ende Oktober täglich 11.00 - 13.00 Uhr und 15.00 - 18.00 Uhr

Naturkost

Burg:

Naturkostladen Kornblume, Osterstr. 11, 23769 Burg a.F., Tel.04371/9180

Dänschendorf:

Hein und Bea's Scheune, Café, Restaurant und Naturkostladen, Dorfstr. 15, 23769 Dänschendorf, Tel. 04372/397

Notfälle

Feuerwehr Notruf 112

Polizei Notruf 110, lokale Wachen auf Fehmarn:

Burg, Tel. 04371/3083

Petersdorf, Tel. 04372/321

Puttgarden, Tel. 04371/2396

Niendorf, Tel. 04371/9610

Wasserschutzpolizei Puttgarden, Tel. 04371/3890

Notruf bei Vergiftungen:

Giftzentrale Kiel, Tel. 0431/5974268

Krankenhaus: Fehmarnsches Krankenhaus, Bürgermeister-Lafrenz-Str.4, 23769 Burg a.F., Tel. 04371/4044

Postämter

Burg a.F.: Bahnhofstr. 34, Tel. 04731/3072

Landkirchen: Meisterstr. 16, Tel. 04371/3390

Petersdorf: Bojendorfer Weg, Tel. 04372/320

Puttgarden Fährbahnhof: 04371/2156

Zusätzlich während der Hauptsaison zwischen Juni u. Sept.: Burgtiefe-Südstrand (Nähe Kurverwaltung), Tel. 04371/ 3600

Rapsblütenfest

Das Fest findet alljährlich am vorletzten oder letzten Wochenende im Mai statt. Festort ist Petersdorf, Ausrichter der dortige Gewerbeverein. Kontakte über Herrn Hackmann, Tel. 04372/488 oder Herrn Marnitz, Tel. 04372/400.

Reiten

Blieschendorf:

Gestüt Rüder. Die Pferde werden tage- oder stundenweise vermietet (Zehnerkarte wird angeboten). Platz für Pensionspferde ist vorhanden. Reitunterricht, geführte Ausritte (auch am Strand). 23769 Blieschendorf, Tel. 04371/3206

Burg:

Fehmarnscher Ringreiterverein, Fehmarn-Reithalle, Staakensweg, 23769 Burg, Auskunft: Dieter Dahlhelm, Tel. 04371/5262. Reitkurse auch für Anfänger.

Gollendorf:

Pony- und Ferienhof Schimpf: Reitunterricht und Ausritte, Kutschfahrten angeboten. 23769 Gollendorf, Dorfstr. 6, Tel. 04372/1398

Presen:

Rießen, Leonore, Haus Nr. !6, 23769 Presen, Tel. 04371/3287. Ponyreiten für Kinder bis 10 J.

Sahrensdorf:

Hof Claußen, 23769 Sahrendorf, Tel. 04371/3139. Kutschfahrten und Ponyreiten.

Staberdorf:

Ferienhof Beneken, 23769 Staberdorf, Tel. 04371/3135

Wallnau:

Campingplatz Wallnau, 23769 Wallnau, Tel. 04372/456. Ponyreiten.

Wulfen:

Campingplatz Wulfner Hals, 23769 Wulfen, Tel. 04371/5653. Ponyreiten

In einigen Pensionen und auf einigen Ferienhöfen stehen den Gästen Ponys und Reitpferde zur Verfügung.

Rundflüge

Starts ab Flugplatz Lemkenhafen. Besonders zur Zeit der Rapsblüte ein Erlebnis.

Kontakt: Skerra, 23769 Lemkenhafen/Neuhof, Tel. 04371/9100, Fax 04371/6620

Segeln & Charter

Dübe, Fehmarn-Charter: Verleih von Segelyachten u. Motorbooten ab Yachthafen Burgtiefe, 23769 Vadersdorf, Tel. 04271/5758.

Baltic Kölln, Campingplatz Wulfener Hals, 23769 Wulfen, Tel. 04371/5988. Katamaranschule und Verleih.

Segelschule Gold, 23769 Albertsdorf, Tel. 04371/4149

Wassersportschule Baltic, 23769 Orth, Tel. 04372/404

Segelzubehör

»*Weilandt* - Ihr Yachtausrüster«

Bootszubehör und maritime Mode, direkt am Yachthafen, 23769 Burgtiefe, Tel. 04371/3833

Strandkörbe

Südstrand:

Für verschiedene Zonen des Südstrandes sind jeweils eigene Vermieter zuständig. Genaue Informationen vermittelt die Kurverwaltung, 23769 Burg a.F., Südstrandpromenade, Tel. 04371/5005-0.

Bojendorf:

Uwe Rosenberg, Tel. 04372/558

Surfen

Burgstaaken:

Baltic Kölln, Wassersportshop (Surfen, Boote, Angeln). 2448 Burgstaaken, Am Hafen, Tel. 04371/ 3151, Fax 04371/9851

Burgtiefe:

Windsurfing Charchulla, Surfschule für Anfänger und Fortgeschrittene, Boardverleih, Reparaturservice, Surfshop, Wasserskimiete und -kurse. M. Charchulla, 23769 Burg a.F., Strandallee, Tel. 04371/3400

Gold:

Surf- und Segelschule Gold (Orther Reede), Surfschule für Anfänger und Fortgeschrittene, Segelschule, Zubehör, 23769 Gold/Landkirchen, Nr. 4, Tel. 04371 /4149 u. 6959

Landkirchen:

Surfshop Fehmarn, Hauptstr. 44, 23769 Landkirchen, Tel. 04371/5888

Orth:

Windsurfing Fehmarn, Surfschule, Surfshop, Reparaturservice. 23769 Orth, Am Hafen, Tel. 04372/1052

Wulfener Hals:

Windsurfing Wulfen/Baltic Kölln, Kurse, Service, Verleih (Teststation mit stets neuestem Equipment). *Campingplatz Wulfener Hals*, 23769 Wulfen, Tel. 04371/5988

Tauchen

Dive-Center Padi, Campingplatz Wulfener Hals, 23769 Wulfen, Tel. 04371/5653. Schule und Verleih, Exkursionen, Wracktauchen.

Tauch-Basis Katharinenhof, Füllstation, Verleih u. Verkauf von Ausrüstungen, Ausbildung, Info- u. Diaabende. Unterkünfte. Dorfstraße 27, 23769 Katharinenhof, Tel. 04371/5493

Taxi

Burg:

Taxi-Barnasch, Tel. 04371/3349

Taxi-Zentrale Suckau, Tel. 04371/6844 / 6796

Funk-Mini-Car, Tel. 04371/1508

Petersdorf:

Funk-Mini-Car, Tel. 04372/1091

Tennis

Burgtiefe/Südstrand:

Tennisclub Burgtiefe e.V., Tel. 04371/9822

Niendorf:

Tennishalle, Reservierung über Klaus Skerra, Tel. 04371/9100.

Westermarkelsdorf:

Tennis-Center Fehmarn, Kurse, Turniere (Rapsblüten-Turnier, Westermarkelsdorf-Open), eigene Ferienwohnungen, Tel. 04372/381, Fax 04372/771

Tennisschule Amling, Tel. 04372/1613. Kurse für Anfänger und Fortgeschrittene.

Abb. 50: Abendstimmung auf Fehmarn

Tourist-Information

siehe Insel-Information

Veranstaltungshinweise

unter Tel. 04371/4440

Vitarium

im IFA Ferienzentrum Südstrand, 23769 Burgtiefe, Tel. 04371/501101

Wasserski

Anmeldung bei Surfschule Charchulla, Südstrand, 23769 Burgtiefe, Tel. 04371/3400

Wetterbericht

Von April bis Oktober täglich aktuell nur für die Insel Fehmarn mit Veranstaltungs- und Buchungstips unter Tel. 04371/4440

Wasservogelreservat Wallnau

Öffnungszeiten: Juni bis August tägl. 9.00 - 18.00 Uhr, November/März nach Bedarf, übrige Monate tägl. 10.-17.00 Uhr.

Es werden regelmäßig Führungen und Vorträge durchgeführt. Größere Gruppen (Schulklassen) werden um Voranmeldung gebeten. Im Juli und August werden Spielvormittage für Ferienkinder im Alter zwischen 6 und 12 Jahren angeboten.

23769 Wallnau, Tel. 04372/1002

Wohnmobile

Die Campingplätze auf Fehmarn verfügen über die für Wohnmobile notwendigen Versorgungseinrichtungen. Unabhängig davon bestehen diese Einrichtungen inklusive einer Entsorgungsstelle auf dem Zentralparkplatz an der Osterstraße in Burg.

Zentrale Zimmervermittlung

Breite Straße 28, 23769 Burg a.F., Tel. 04371/3054 oder 3055, Fax 04371 /50681.

Index

30
31
32
33
34
35
36
37
38
39
46
45
Markelsdorfer Huk
Leuchtfeuer
Teichhof
44
Westermarkelsdorf
Altenteil
43
Wenkendorf
Hohen
kamp
Schildsee
42
Dänischendorf
Schlagsdorf
Dorotheenhof
Zwölfhagen
Hohen
stein
Bojendorf
Westfehmarn
Gehren
Suern
döck
40
Vadersdorf
Petersdorf
39
Lemken
feld
Wallnau
NSG
Kopendorf
Wallnau
Lemkendorf
F
E
H
M
38
Schwins
kamp
Fehmarn
Nerdel-
Lieth
Mittelhof
Altjellingsdorf
Püttsee
Sulsdorf
Gollendorf
37
Bellevue
Wasserburg
Neuhof
Lemkenhafener
mühle
Sartjendorf
Auf dem
Schlag
Museum
Neujellingsdorf
Ehrenfriedhof
Flügge
31
32
Orth
34
Spitzen-
orth
35
36
37
38
Lemkenhafen
Gollendorfer Wiek
NSG
Teschendorf
Mummen
Flügger
Leuchtturm
Krummsteert
Sulsdorfer Wiek-
Fehmarn
Orther Reede
Lemkenhafener Wiek
Warder
Westerbergen
Rosenhof
Krumm-
steert
34
Hochfelder-
mühle
Albertsdorf
33
Gold
Strukkamp
Avendorf
Steingrab
32
E4 (207)
Strukkamp-
huk
31
Fehmarnsund